改訂版

# 心理検査の実際

しんりけんさのじっさい

近畿福祉大学教授
**澤田 丞司**

株式会社 新興医学出版社

# PRACTICE OF PSYCHOLOGICAL TEST

**JOJI SAWADA**
Professor of Psychology
Kinki Walfare University
Hyogo, JAPAN

©Second edition, 2004 published by
**SHINKOH IGAKU SHUPPAN CO. LTD., TOKYO.**
Printed & bound in Japan

## 改訂版の刊行にあたって

　本書は，心理検査の実際について，各種心理検査の実施方法や結果の読み方をわかりやすく解説したものであるが，1989年（平成元年）に初版を出版して以来15年余を経過し，内容の見直しが必要となったので，今回改訂することになった。

　改訂の基本方針としては，本書に収録された検査法の中で，新たに標準化や検査法に改変のあったものを中心に書き改め，その他のものは字句の修正等必要最小限に止めることにした。というのは，一部の検査法を除いて，他の検査法については基本的な実施方法や整理法，解釈法には大きな変更はないからである。

　したがって，今回の改定では，知能検査を中心に，田中ビネー知能検査を「田中ビネー知能検査Ⅴ」に，WAISを「WAIS-R」に，WISC-Rを「WISC-Ⅲ」に書き改め，また，教育界，特に知的障害児の理解や援助のために比較的よく用いられている「新版S-M社会生活能力検査」や産業カウンセリング等で用いられる「TEG」等のテストを追加することにした。

　今回の改訂により，現行の主要な心理検査の概要を一瞥することができるであろう。本書が，他者を理解し他者の役に立ちたいと願う多くの人々にとって，少しでもお役に立てば幸いである。

2004年10月

著　者

# はしがき

　心理検査は，人間を理解するための道具として生まれた。しかし，それは，決して万能な道具ではない。知能や性格，適性といったおよそ心理的な機能は，物理的な長さや重さのような実体のあるものではないために，心理検査でこれらを客観的にとらえることは，それなりの限界がある。また，心の世界を客観的にとらえようとすればするほど主観的な世界が捨象されていくのも，この種の検査の限界である。このために，その使い方や利用法を一歩誤れば，理解のつもりが誤解となり，時に差別の道具ともなる。1970年代から1980年代にかけて，我が国で次第に叫ばれるようになった心理検査差別論や無用論も，こうした危険性に対する1つの警鐘であった。しかし，考えてみると，これらの批判の多くは，心理検査そのものに対するよりも，むしろそれがどのような目的で，どのような条件下で行われたか，また検査結果がどのように使われたかという，検査を実施し利用する側の姿勢に対するものであったと思う。この点に関しては充分耳を傾ける必要があるが，だからといって，心理検査そのものが無価値だということにはならないであろう。肝要なことは，心理検査の効用と限界を充分認識し，他者理解に役立てることである。

　本書は，こうした観点から書かれたものであるが，特に，病院臨床の場にあって，これから心理検査を利用しようとしている医師や心理臨床家のための「入門書」である。このために，臨床場面で比較的用いられやすい心理検査を取り上げ，できるだけ平易に書くことに心がけた。しかし，広く心理検査に興味をもつ人々にも参考となるであろう。

　本書の内容は，3つの章から成っている。第1章では，心理検査の歴史を概観し，第2章では，心理検査の選択・実施に関わる基本的問題を取り上げ，第3章では，個々の心理検査の実際について，実施法，結果の整理法，解釈法などを具体的に解説した。なお，本書に取りあげることのできなかった検査については，巻末に「現行心理検査一覧（臨床編）」として，参考までにまとめておいた。重ねて述べるまでもないが，心理検査の正しい理解と正しい使い方によって，

他者の理解と福祉に役立てて頂きたいと思う。

　最後に，本書の作成に当たって図表の引用を快く許可して下さった研究者ならびに出版社，また現行心理検査一覧をまとめるに当って御協力頂いた岡田総合心理センターの岡田泰典氏，そして本書の完成に向かって常に変わらず励まし続けて下さった新興医学出版社の服部治夫氏に，心から深甚の謝意を表したい。

1989年9月10日

澤　田　丞　司

# 目　次

## 第1章　心理検査とそのなりたち …………………………1

**1. 心理検査の定義** ……………………………………………1

**2. 心理検査の歴史** ……………………………………………2
　1）あけぼの（1800年〜1900年） ……………………………2
　2）心理検査の誕生と発展（1900年〜1920年代） …………4
　3）客観検査から投影法へ（1930年代〜1950年代） ………6
　4）懐疑から再考の時代へ（1960年代〜1980年代） ………9
　5）心理検査その後（1990年代〜） …………………………10

## 第2章　心理検査利用上の問題 ………………………12

**1. 心理検査の種類と特徴** ……………………………………12
　1）能力検査 ……………………………………………………12
　2）人格検査 ……………………………………………………13
　　（1）質問紙法人格検査 ………………………………………13
　　（2）作業検査法人格検査 ……………………………………13
　　（3）投影法人格検査 …………………………………………14

**2. 心理検査の選び方** …………………………………………15

  1）よい心理検査の条件 …………………………………………15
   （1）妥 当 性 …………………………………………………15
   （2）信 頼 性 …………………………………………………16
   （3）標 準 化 …………………………………………………17
  2）臨床における心理検査 ………………………………………17
 3．心理検査実施上の留意事項 ……………………………………18
  1）心理検査の実施目的 …………………………………………18
  2）検査場面をめぐる問題 ………………………………………19
   （1）検査場所 …………………………………………………19
   （2）検査者―被検者関係 ……………………………………20
   （3）実施方法 …………………………………………………21
  3）テスト・バッテリー …………………………………………22
  4）結果の整理と読み方 …………………………………………24


# 第3章　心理検査の実際 …………………………………26

1．田中ビネー知能検査Ⅴ ……………………………………………26
 1）検査の概要 ………………………………………………………26
 2）検査内容 …………………………………………………………27
 3）実施方法 …………………………………………………………30
  （1）準備するもの ………………………………………………30
  （2）検査のすすめ方 ……………………………………………31
 4）結果の整理 ………………………………………………………33
 5）結果の読み方 ……………………………………………………36
  （1）生活年齢14歳未満の場合 …………………………………36
  （2）生活年齢14歳以上（成人）の場合 ………………………38

## 2. 日本版 WAIS‐R 成人知能検査法 ……………………39
　1）検査の概要 ……………………………………………39
　2）検査内容 ………………………………………………40
　3）実施方法 ………………………………………………42
　　(1) 準備するもの ………………………………………42
　　(2) 検査のすすめ方 ……………………………………42
　　(3) 簡易実施法 …………………………………………43
　4）結果の整理 ……………………………………………44
　5）結果の読み方 …………………………………………45
　　(1) 読み方のポイント …………………………………45
　　(2) プロフィール分析法 ………………………………48

## 3. 日本版 WISC‐Ⅲ知能検査法 …………………………55
　1）検査の概要 ……………………………………………55
　2）検査内容 ………………………………………………55
　3）実施方法 ………………………………………………60
　　(1) 準備するもの ………………………………………60
　　(2) 検査のすすめ方 ……………………………………60
　4）結果の整理 ……………………………………………61
　5）結果の読み方 …………………………………………64

## 4. WPPSI 知能診断検査 …………………………………67
　1）検査の概要 ……………………………………………67
　2）検査内容 ………………………………………………68
　3）実施方法 ………………………………………………70
　　(1) 準備するもの ………………………………………70
　　(2) 検査のすすめ方 ……………………………………70
　4）結果の整理 ……………………………………………71
　5）結果の読み方 …………………………………………72

## 5. 新版 S-M 社会生活能力検査 …………………………………………74
- 1) 検査の概要 ……………………………………………………………74
- 2) 検査内容 ………………………………………………………………75
- 3) 実施方法 ………………………………………………………………77
  - (1) 準備するもの …………………………………………………77
  - (2) 検査のすすめ方 ………………………………………………77
- 4) 結果の整理 ……………………………………………………………78
- 5) 結果の読み方 …………………………………………………………80

## 6. YG 性格検査（矢田部ギルフォード性格検査） ……………………81
- 1) 検査の概要 ……………………………………………………………81
- 2) 検査内容 ………………………………………………………………82
- 3) 実施方法 ………………………………………………………………83
  - (1) 準備するもの …………………………………………………83
  - (2) 検査のすすめ方 ………………………………………………84
- 4) 結果の整理 ……………………………………………………………85
- 5) 結果の読み方 …………………………………………………………87
  - (1) A 型（Average Type：平均型）………………………………87
  - (2) B 型（Black List Type：情緒不安定，不適応，積極型）……88
  - (3) C 型（Calm Type：情緒安定，適応，消極型）………………88
  - (4) D 型（Director Type：情緒安定，積極型）…………………88
  - (5) E 型（Eccentric Type：情緒不安定，消極型）………………88

## 7. MMPI 新日本版 …………………………………………………………90
- 1) 検査の概要 ……………………………………………………………90
- 2) 検査内容 ………………………………………………………………91
- 3) 実施方法 ………………………………………………………………94
  - (1) 準備するもの …………………………………………………94
  - (2) 検査のすすめ方 ………………………………………………94

  4）結果の整理 …………………………………………………………95
  5）結果の読み方 ………………………………………………………97
  6）コンピュータ心理診断法 …………………………………………99

**8. 日本版CMI** ………………………………………………………………100
  1）検査の概要 …………………………………………………………100
  2）検査内容 ……………………………………………………………101
  3）実施方法 ……………………………………………………………102
   (1) 準備するもの …………………………………………………102
   (2) 検査のすすめ方 ………………………………………………102
  4）結果の整理 …………………………………………………………103
  5）結果の読み方 ………………………………………………………105

**9. 新版TEG** …………………………………………………………………108
  1）検査の概要 …………………………………………………………108
  2）検査内容 ……………………………………………………………109
  3）実施方法 ……………………………………………………………110
   (1) 準備するもの …………………………………………………110
   (2) 検査のすすめ方 ………………………………………………110
  4）結果の整理 …………………………………………………………111
  5）結果の読み方 ………………………………………………………111

**10. 内田クレペリン精神検査** ……………………………………………119
  1）検査の概要 …………………………………………………………119
  2）検査内容 ……………………………………………………………120
  3）実施方法 ……………………………………………………………120
   (1) 準備するもの …………………………………………………120
   (2) 検査のすすめ方 ………………………………………………120
  4）結果の整理 …………………………………………………………122
  5）結果の読み方 ………………………………………………………123

(1) 作業量 …………………………………………………………… 124
(2) 作業曲線 ………………………………………………………… 124

## 11. ベンダー・ゲシュタルト検査 (BGT) ………………………… 127
1) 検査の概要 ………………………………………………………… 127
2) 検査内容 …………………………………………………………… 128
3) 実施方法 …………………………………………………………… 128
  (1) 準備するもの …………………………………………………… 128
  (2) 検査のすすめ方 ………………………………………………… 128
4) 結果の整理 ………………………………………………………… 129
  (1) パスカル・サッテル (Pascal, G.R.& Schachtel, E.G.) 法 …… 130
  (2) コピッツ (Koppitz, E.M.) 法 ………………………………… 131
5) 結果の読み方 ……………………………………………………… 132

## 12. ロールシャッハ検査 ……………………………………………… 135
1) 検査の概要 ………………………………………………………… 135
2) 検査内容 …………………………………………………………… 136
3) 実施方法 …………………………………………………………… 137
  (1) 準備するもの …………………………………………………… 137
  (2) 検査のすすめ方 ………………………………………………… 137
4) 結果の整理 ………………………………………………………… 139
5) 結果の読み方 ……………………………………………………… 143
  (1) 形式分析 ………………………………………………………… 143
  (2) 内容分析 ………………………………………………………… 145
  (3) 継列分析 ………………………………………………………… 146

## 13. 精研式 TAT (主題構成検査) …………………………………… 148
1) 検査の概要 ………………………………………………………… 148
2) 検査内容 …………………………………………………………… 149
3) 実施方法 …………………………………………………………… 150

　　　　(1) 準備するもの ……………………………………………150
　　　　(2) 検査のすすめ方 …………………………………………150
　　4) 結果の整理 ……………………………………………………152
　　　　(1) 物語のテーマとその構成 ………………………………152
　　　　(2) 物語の主人公，副主人公とその相互関係 ……………152
　　　　(3) 主人公の欲求 ……………………………………………152
　　　　(4) 主人公への圧力 …………………………………………153
　　　　(5) 主人公の内的状態 ………………………………………153
　　　　(6) 主人公の課題解決様式 …………………………………153
　　　　(7) 外的側面 …………………………………………………153
　　5) 結果の読み方 …………………………………………………154
　　　　(1) 領域的欲求―圧力体制 …………………………………154
　　　　(2) 知的側面 …………………………………………………154
　　　　(3) 情意的側面 ………………………………………………155
　　　　(4) 指向的側面 ………………………………………………155
　　　　(5) 力動的側面 ………………………………………………155
　　　　(6) 決定要因 …………………………………………………155
　　　　(7) 病的特徴，その他 ………………………………………155

## 14. 日本版 P-F スタディ（絵画欲求不満検査） ……………156
　　1) 検査の概要 ……………………………………………………156
　　2) 検査内容 ………………………………………………………157
　　3) 実施方法 ………………………………………………………158
　　　　(1) 準備するもの ……………………………………………158
　　　　(2) 検査のすすめ方 …………………………………………158
　　4) 結果の整理 ……………………………………………………159
　　　　(1) GCR（集団一致度） ……………………………………161
　　　　(2) プロフィール欄 …………………………………………161
　　　　(3) 超自我因子欄 ……………………………………………161
　　　　(4) 反応転移分析欄 …………………………………………162

5）結果の読み方 ……………………………………………………162
　　(1) GCR％ ………………………………………………………162
　　(2) プロフィール欄 ……………………………………………162
　　(3) 超自我因子欄 ………………………………………………164
　　(4) 反応転移分析欄 ……………………………………………164

## 15. 精研式文章完成法検査（SCT）……………………………166
　1）検査の概要 ………………………………………………………166
　2）検査内容 …………………………………………………………167
　3）実施方法 …………………………………………………………168
　　(1) 準備するもの ………………………………………………168
　　(2) 検査のすすめ方 ……………………………………………168
　4）結果の整理 ………………………………………………………169
　Ⅰ．パーソナリティ …………………………………………………169
　　(1) 知的側面 ……………………………………………………169
　　(2) 情意的側面 …………………………………………………169
　　(3) 指向的側面 …………………………………………………169
　　(4) 力動的側面 …………………………………………………170
　Ⅱ．決定要因 …………………………………………………………170
　　(1) 身体的要因 …………………………………………………170
　　(2) 家庭的要因 …………………………………………………170
　　(3) 社会的要因 …………………………………………………170
　5）結果の読み方 ……………………………………………………170

## 16. バウム検査 ……………………………………………………172
　1）検査の概要 ………………………………………………………172
　2）実施方法 …………………………………………………………173
　　(1) 準備するもの ………………………………………………173
　　(2) 検査のすすめ方 ……………………………………………173
　3）結果の整理 ………………………………………………………174

4）結果の読み方 ……………………………………………174
　　　(1) 樹木に投影される性格 ……………………………175
　　　(2) 空間象徴と性格 ……………………………………176
　　　(3) 運筆と性格 …………………………………………176
　　　(4) ビトゲンシュタイン指数 …………………………176

## 現行心理検査一覧表（臨床編） ……………………………178

## 索引 ………………………………………………………………181

# 第1章　心理検査とそのなりたち

## 1. 心理検査の定義

　心理検査とは，簡単にいえば，個人の能力や性格，適性などを測定する道具である。しかし，このような能力とか性格という用語は，個人の心理機能の特徴を記述するための説明概念であって，身体的な病気，例えばガンとか胃潰瘍といった概念とは異なり，その実体をもつものではない。このために，直接そのものを観察したり，測定することはできないが，日常，われわれは，課題解決場面での行動の仕方から，あの人は頭がよいとか，消極的だと判断するように，外に現れた行動を通して，それらの存在や機能を理解することができる。したがって，心理検査は，このような個人の行動を媒介にしてその背後にある心理的機能を推測しようとするものである。

　ところで，行動の現れ方は，個人の内的条件や外的要因によって種々の影響を受ける。例えば，緊張が強すぎて実力が発揮できなかったとか，親しい人の前では積極的に，見知らぬ人の前では消極的になるなどである。このために，できるだけ客観的に人間の個人差を明らかにするためには，一定の手続きを必要とする。この手続きを標準化と呼び，内的条件や外的要因を統制するための配慮がなされている。一般に，標準化された心理検査には，次のような条件が備わっている。

①外的要因を統制するために，一定の課題や作業が用意されており，そのやり方も一定していること。
②そうした条件下における人々の平均的な反応水準，すなわち，比較のため

の基準が数値または尺度によって統計的に決められていること。
③この基準と比較するために，結果は一定の手続きによって数量的に処理できるようになっていること。

一般に，このような条件を備えた検査を心理検査（狭義の）と呼び，その他の手続きによるもの，例えば，投影法などは「技法」とか「面接法」と呼んで区別する場合もある。しかし，本書では，特にこのような区別にこだわらず，他の手続きによるものであっても，個人の心理的機能の測定をめざすものであれば，これもまた広義の心理検査と呼ぶことにする。

## 2. 心理検査の歴史

### 1) あけぼの（1800年～1900年）

人間の能力や性格の個人差についての関心は古くからあった。紀元前の昔，プラトン（Platon）は，兵士を適材適所に配置するために「態度測定」の検査を作るよう奨励したといわれる。しかし，このような個人差の問題が科学的な方法で研究の対象となったのは，比較的新しく，19世紀に入ってからのことである。しかも，それは天文学の分野であった。

1816年に，ドイツの天文学者ベゼル（Bessel, F.）は，天文学雑誌で"グリニッジ天文台の観測係が，台長よりも観測時間がいつも2秒ほどおくれることから怠慢を理由に解雇された（1796年の出来事）"という記事を読み，この処置に疑問を感じた彼は，観測時間についての体系的な測定を行った。その結果，観測時間を割り出す反応時間にかなりの個人差のあることを発見した。この研究は，やがて心理学における反応時間を中心とする個人差研究へと受け継がれていくことになった。

1879年，ドイツのヴント（Wundt, W.）は，ライプチッヒ大学に世界で最初の心理学実験室を創設し，'科学としての心理学'を旗印に哲学からの心理学の独立を宣言すると，この反応時間の研究を最初の研究課題としてとりあげた。

　このころ，個人差の問題をもっと違った角度から研究をしていたのは，イギリスのゴールトン（Galton, F.）である。彼は人間の能力や身体の差異に強い関心をもち，種々の測定法や道具を考案して，これらの個人差研究に精力的にとりくんだ。この分野で彼の残した主な業績をあげると，遺伝的天才に関する研究（1869年），知的能力を弁別するための感覚能力検査の考案，指紋に関する研究，ゾンディ検査を暗示するような合成写真の研究，質問紙法や自由連想法の使用，相関関数に関する研究や資料分析への統計法の使用などがある。

　1890年，ヴントのもとからアメリカに帰国していたキャッテル（Cattell, J.M.）は，この年に「メンタルテストと測定」という論文を発表し，この論文で「メンタルテスト（心理検査）」という用語をはじめて使用した。彼は，メンタルテストの使用によって，心的過程の恒常性やその相互依存関係，環境的要因の影響などを発見できるのではないかと考えた。彼の考案したメンタルテストは，握力，運動の速度，感覚弁別，重量弁別，反応時間，色名呼称時間，50センチの線の2分割，10秒間の時間の判断，一度聞いて覚えられる文字の数という10種類のテストで構成されており，精神障害や精神発達遅滞の弁別に役立つと考えられた。

　1896年，この年は臨床心理学の誕生の年であった。ヴントのもとで学位を得てアメリカに帰国したウイットマー（Witmer, L.）は，この年，ペンシルバニア大学に心理クリニックを設け，問題児の診断と治療にあたるとともに大学で臨床心理学を開講した。臨床心理学という用語を最初に使用した人として，ウイットマーが臨床心理学の開祖とされている。

　1897年，ドイツでは，エビングハウス（Ebbinghaus, H.）が「文章完成法」を用いて知能の測定を試みている。

　1800年代は，個人差に関する科学的な研究が始まったとはいえ，まだ反応時間や運動能力，感覚弁別能力などの個人差研究が中心で，いくつかの能力検査も考案されたが，その妥当性には疑問も多く，積極的に心理検査の開発に取り組む姿勢は乏しかった。しかし，教育の分野では，子どもの能力を判断する客

観的な方法の必要性を感じており，いずれ妥当性や信頼性を備えた検査ができるであろうという期待はあった。

## 2) 心理検査の誕生と発展（1900年〜1920年代）

　1905年，このような期待に応えるかのように誕生したのが，フランスのビネー（Binet, A.）による知能検査である。ビネーは，パリの教育長より知的能力を客観的に測定する方法を考案するように依頼され，精神科医のシモン（Simon, T.）と共同でこの検査を作成した。これがいわゆる科学的な心理検査のルーツとされている。しかし，この時の検査内容は，やさしい問題から難しい問題へと30項目が並べられており，評価得点は合格した項目数で示されるというものであった。それでも'短時間で子どもの能力が測定できる方法'として注目を集めた。
　この検査は，その後1908年に改訂され，問題数を増やすとともにその難易度を年齢と対応させることによって年齢尺度化され，その評価に精神年齢（mental age, MA）が導入された。また1911年の改訂では，検査対象が3歳〜成人にまで広げられたが，結果の評価には相変わらず精神年齢が用いられ，知能の優劣はこの精神年齢と生活年齢（Chronological age, CA）の差によって決められた。この方法によると，同じ2歳の差であっても5歳児と10歳児の場合では，その意味が異なるはずなのに同等にみなされるという矛盾があった。この矛盾を解決するために，1912年，ドイツのシュテルン（Stern, W.）は精神年齢と生活年齢の比で表わす精神指数（MA／CA）の使用を提唱した。しかし，ビネーはすでにこの世を去っており（1911年没），この考えは取り入れるべくもなかった。
　1909年，ゴッダード（Goddard, H.H.）が，このビネーの知能検査をアメリカに持ち帰ると，たちまち多くの人々の関心を集め，この検査の使用と研究が始まった。日本では，三宅鉱一が「知的測定法」（1907年）として，この検査を紹介していた。このころスイスでは，ユング（Jung, C,G.）がブロイラー（Bleuler, O.）とともに「自由連想法」を用いて，無意識の葛藤やコンプレックスを発見しようと努力していた。

1909 年，クラーク大学の開学 25 周年記念式典にフロイト（Freud, S.）とともに招かれたユングは，自由連想法についての講演をし，多くの聴衆を魅了した。心にかくされたコンプレックスは，それと関係の深い刺激語に対して反応の乱れとして現れるというこの新しい技法は，実用主義の国に住むアメリカの人々にとって，やがて「うそ発見のための道具」として犯罪の分野に役立つであろうと期待された。

1911 年に，54 歳でビネーが他界すると，知能検査の研究の舞台はアメリカに移り，次々とビネー法の改訂版が公表されたが，中でも有名なのがスタンフォード大学のターマン（Terman, L.M.）によるスタンフォード改訂版である。

1916 年，ターマンは，子ども 2100 人，大人 180 人のサンプルで標準化し，3 歳～優秀成人（ただし 11 歳の標準化はない）まで測定できるようにした。この時，彼はシュテルンの考えを取り入れ，知能指数（IQ）を考案した。それはシュテルンの精神指数を単に 100 倍したもので，IQ＝（精神年齢／生活年齢）× 100 で算出される。こうして現在のビネー法知能検査の原型が完成された。

1917 年，アメリカが第 1 次世界大戦に参戦するや，多量の志願兵を適材適所に配置するための能力検査の必要性にせまられた。しかも短時間で多量に処理できることが重要であった。これに応えて，ヤーキズ（Yerkes, R.M.）らが中心となり，この年に「陸軍式知能検査」が考案された。これは集団式のペーパー・テストであり，文字を使った形式のもので $\alpha$ 式と呼ばれた。その後，文字の読み書きのできない人のために，文字を使わず図形や記号のみの検査（$\beta$ 式）が加えられた。この両者は，日本では A 式，B 式と呼ばれ，現在発売されている種々の集団式知能検査のモデルとなっている。

この年には，また，ウッドワース（Woodworth, R.S.）が，神経症的傾向の発見を目的とした「パーソナル・データ・シート」を考案している。これは 116 項目からなる質問紙形式のもので，被検者に不要な不安を与えないための配慮から上記のような名称にしたといわれる。ともあれ，これは今日の質問紙法検査の源流をなすものとして特記すべきものであった。

1921 年，スイスの精神科医ロールシャッハ（Rorschach, H.）は，漠然とした「インクのしみ」を用いて人格診断をするという大変ユニークな方法を考案し，「精神診断学」と題して公表した。この著書の付録にあった 10 枚の図版が，現在

用いられているロールシャッハ検査図版の原版である。この方法は，漠然としたインクのしみを見せ，それが何に見えるかをたずね，それに対する被検者の反応を分析することによって人格を診断しようとするもので，投影法検査の最初のものであった。しかし，当時のヨーロッパの人々は彼の研究にあまり関心を示さず，ロールシャッハは失意のうちに翌年1922年，38歳の短い生涯を閉じた。

1920年代のアメリカでは，知能検査を中心に興味や適性検査などが開発されていくが，中でも興味深い研究をしたのはグッドイナフ（Goodenough, F.）であった。彼女は，1926年に人物描画検査を考案した。これは，描画の完成度や正確さ，運動協応などから，子どもの知的水準を測定しようとするものであって，後の描画法の先駆をなすものであった。

1929年，ゲゼル（Gesel, A.）は，著書「幼児と人間発達」を表わし，その中で，幼児の発達目録を公表した。これは，生後3ヶ月～30ヶ月までの月齢による子どもの発達を評価する195項目と，さらに60ヶ月までの診断項目も加えられたものであった。これらの項目は，その生活年齢にみられる典型的な行動特徴で示され，運動，適応，言語，人格—社会の4つの側面から評価できるようになっていた。この発達目録は，映写機による行動観察のフィルムの分析から得られたもので，このような研究に映写機を使用したのはゲゼルが最初だといわれる。

## 3）客観検査から投影法へ（1930年代～1950年代）

1930年代に入ると，これまでの知能検査や質問紙法にみられるような客観的，量的研究に加えて，次第に能力や性格の個人内の特徴やそれらの相互関係などに関する質的，力動的な研究への関心が高まり，人格の潜在的な機能を評価できるような技法の開発が模索されるようになる。

1930年，日本では，鈴木治太郎が本格的な知能検査を発表している。いわゆる「鈴木ビネー知能検査」の初版で，1916年のビネー・スタンフォード改訂版をもとに翻訳・標準化したものであった。

1933年，また内田勇三郎は，このころに数字の連続加算をさせて，その作業量の曲線型から性格を診断する「内田クレペリン精神作業検査」を完成させている。

　1935年，モルガン（Morgan, C.D.）とマレー（Murray, H.A.）は，30枚の絵と1枚の白紙からなる絵画統覚検査（TAT）を考案した。これは，絵を見せて物語を作らせ，その内容から人格を診断しようとするものであった。

　1937年，ベック（Beck, S.J.）によって，ロールシャッハ検査の手引書が公刊された。

　また，この年にターマンは，1916年のビネー・スタンフォード版を再改訂し，残してあった11歳の標準化をするとともに，測定可能な対象を拡大し，2歳〜優秀成人Ⅰ，Ⅱ，Ⅲまで測定できるようにした。

　1938年，ベンダー（Bender, L.）によって，ベンダー・ゲシュタルト検査（BGT）が発表された。これは，簡単な幾何学図形を模写させるというもので，その時の知覚過程や再生過程のゆがみから，器質的障害や統合失調症，精神発達の水準などが診断できると考えられた。

　1929年，ニューヨークのベルビュー病院の心理主任をしていたウェクスラー（Wechsler, D.）は，全く新しいタイプの知能検査を発表した。これは，ウェクスラー・ベルビュー検査（WBT）と呼ばれ，問題項目をビネー法のように年齢尺度化せず，カテゴリー別にまとめることによって，知能構造や病態の特徴を診断的に測定しようとするものであった。また知能水準の評価には，偏差知能指数（Deviation IQ）が導入された。

　この年に，フランク（Frank, L.K.）は，ロールシャッハ検査やTATなど新しく登場してきた非構造的な検査技法を総称して「投影法」と呼ぶことを提唱した。

　1940年，ミネソタ大学のハザウェイ（Hathaway, S.R.）とマッキンレー（Mackinley, J.C.）によって，MMPI（ミネソタ多面式人格目録）が発表された。これは，何らかの精神症状をもつものをスクリーニングするとともに，その病型を診断することを目的としていたが，これまでの質問紙法の検査と異なって，検査結果の妥当性を測定する妥当性尺度を備えた画期的なものであった。

　1942年，クロッパー（Klopfer, B.）によって，「ロールシャッハ検査採点法」が発表された。後に，彼はロールシャッハ研究所を創設し，雑誌「ロールシャ

ッハ研究交流」を発行するが，彼の努力によって，ロールシャッハ検査は再び生命を与えられ，やがて投影法検査の中でも最も重要な検査に発展する。

　このころ，ギルフォード（Guilford, J.P.）は，因子分析法を用いて性格特性の研究をしていた。また日本では，この年に（1942年）田中寛一がビネー・スタンフォード改訂版（1937年版）をもとに翻訳・標準化し，「田中ビネー知能検査」を発表している。

　1945年，ローゼンツワイク（Rosenzweig, S.）は，絵画欲求不満検査（PFS）を考案した。これは，欲求不満場面の絵を見せ，それに対する反応から人格診断をしようとする投影法の検査であった。

　1946年，コーネル大学のブロードマン（Brodman, K.）らによって，医学的な予診を目的とした「コーネル・メディカル・インデックス（CMI）」が公表された。これは，身体的，精神的な自覚症状をチェックするものであった。

　この年，ラパポート（Rapaport, D.）は，心理診断にとって本質的に重要なことは，「病名診断」ではなく，患者の人格構造とその力動性を診断する「力動的診断」であることを強調した。このころになると，TATやロールシャッハ検査は投影法の検査として次第に定着しつつあったが，同時にまた新たな投影法検査が次々と開発された時代でもあった。

　1948年に発表されたシュナイドマン（Shneidman, E.S.）の絵画作話検査（MAPS），バック（Buch, J.N.）の家―人―木検査（HPT），1949年のマコウバー（Machover, K.）による人物画検査，コッホ（Koch, K.）のバウム検査（樹木画）などがある。「臨床心理学の歴史」の著者ライスマン（Reisman, J.M.）によれば，当時の心理臨床家にとって，投影法は「人が常に自らの認識や信念を創造し維持し守っている他人の魅力的な世界を解きあかしてくれるもの」と考えられた。また，一方では客観検査の開発や改良も試みられた。

　1949年，ウェクスラーは，成人用の知能検査であるWBTと同形式の児童用知能検査（WISC）を発表した。

　1953年，エドワーズ（Edwards, A.L.）は，個人興味検査（EPPS）を発表した。この検査は，被検者のSD傾向（社会的望ましさの方向への反応のゆがみ）を防ぐために，回答方法として，従来のような「3件法」ではなく「強制選択法」を用いた点に特徴があった。

このころの日本では，南　博ら（1950年）がWBTを，また児玉　省，品川不二郎（1952年）がWISCをそれぞれ翻訳・標準化をしている。

1955年，ウェクスラーは，WBTを改訂し，16歳〜64歳を対象とした成人用知能検査（WAIS）を発表した。この検査は，3年後の1958年には，児玉　省，品川不二郎らによって，日本版WAISとして標準化され公表された。

また，1956年には，片口安史によって，ロールシャッハ検査の解説書「心理診断法」が公刊されるとともに，佐野勝男，槙田　仁による精研式TAT，住田勝美，林　勝造による日本版絵画欲求不満検査（PFS）も公表された。

## 4）懐疑から再考の時代へ（1960年代〜1980年代）

1960年代の日本は，ようやく戦後の復興期を脱し，高度経済成長への新たな時代を迎えつつあった。生存の不安が遠のくにつれ，人々の関心は教育や医療，福祉の面に向かうようになり，社会の要請に応えて心理臨床家が次第に病院臨床に進出するようになる。日本臨床心理学会が結成されたのもこの頃（1964年）であったが，そのメンバーの多くは児童福祉や司法関係に所属する人々が中心であり，病院臨床に携わる心理臨床家は，まだそれほど多くはなかった。

1960年代には，矢田部達郎，辻岡美延による矢田部ギルフォード性格検査（1960年）や阿部満州，住田勝美，黒田正大による日本版MMPI（1963年），MPI研究会による日本版MPI（1964年）などが，あいついで標準化され公表された。

しかし，アメリカでは，心理検査に対する1つの新しい動きが起こり始めていた。すなわち，心理検査への懐疑と批判である。その背景には，心理検査を否定する行動主義の台頭や電気生理学的研究の発展もあるが，同時にまた人権上の問題もあった。すなわち，心理検査は個人のプライバシーを侵したり，差別するものだと人々は非難したのである。にもかかわらず，教育の現場では，幼児教育の重要性が認識され，幼児の個性に合った教育を行うためにも，幼児の能力を早期に客観的に理解する方法の開発されることが望まれた。

1967年，ウェクスラーは，就学前の幼児を対象とした幼児用知能診断検査

(WPPSI)を発表した。検査の構成はWISC，WAISと同じである。また1974年には，WISCを全面改訂し，WISC-Rを発表した。これによって，幼児から成人に至るまでの知能を系統的に診断するウェクスラー法の知能診断体系が完成した。

また日本版WPPSIは日本心理適性研究所によって1969年に，日本版WISC-Rは児玉　省，品川不二郎，茂木茂八によって1978年に，それぞれ標準化され公表された。

1970年代に入り，心理臨床家が急速に病院臨床に進出するようになると，日本でも，1960年代にアメリカで現れた心理検査への懐疑と批判が人々の口にのぼるようになった。そして心理臨床家の関心が次第に心理検査から心理療法的分野に移行するにつれ，こうした動きは一層高まった。

こうして1980年代に入ると，心理検査とは何か，その存在理由や効用と限界について，改めて検討を求められる時代を迎えることになったが，目を世界に転ずれば，同時にまた，より精度の高い心理検査を求めて新たな挑戦も始まっていた。

1981年，ウェクスラーは，それまで用いられてきた成人用知能検査WAISを改訂しWAIS-Rを発表した。改訂の目的は，WAISの内容を最新のものにし，現時点での母集団から得られた反応と得点に基づいて，新しい基準を提供することにあった。また，WAIS-Rの改訂に引き続いて，児童用知能検査WISC-Rの改訂にも着手し，1991年には，WISC-Ⅲを発表した。

## 5）心理検査その後（1990年代～）

1990年代に入ると，わが国においても心理アセスメントにおける心理検査の有用性が改めて認識され，既存の心理検査の改訂，検査法や整理法の効率化，解釈仮説や解釈法の再吟味等に努力が払われている。

1990年には，「日本版WAIS-R」が品川不二郎，小林重雄，藤田和弘，前川久男らによって新しく標準化された。また，1998年には，「日本版WISC-Ⅲ」が日本版WISC-Ⅲ刊行委員会によって標準化された。さらに，2003年には，田中教育研究所によって，「田中ビネー知能検査Ⅴ」が新しく標準化され公刊された。

一方，IT時代の影響を受けて，MMPIやロールシャッハテストを初めとして結果の整理や解釈にコンピュータを導入する動きも高まっている。
　このように心理検査の歴史を振り返ってみると，いつの時代も心理検査は人間をよりよく理解するための道具として開発されてきたことを忘れてはならない。

# 第2章 心理検査利用上の問題

## 1. 心理検査の種類と特徴

　現在市販されている心理検査には多種多様なものがあるが，これらを大別すると，能力検査と人格検査に分けることができる。

### 1）能力検査

　能力検査には，知能検査や標準学力検査などがあるが，病院臨床の領域で重要なのは知能検査である。知能検査は，心理検査の中でも最も早くから研究されてきただけに，その種類も豊富であるが，これらの検査の実施方法によって分けると，個人式と集団式に分けられる。また集団式は，課題に文字を用いるものと文字を用いないもの（図形，記号等）とによってA式（前者），B式（後者）およびその混合型であるAB式に分けられる。
　一般に臨床場面では個人式が用いられるが，現行の個人式知能検査の代表的なものは，ビネー法とウェクスラー法である。前者には，鈴木ビネー知能検査と田中ビネー知能検査Vがあり，後者には，WPPSI，WISC-Ⅲ，WAIS-Rなどがある。また両検査法の基本的特徴として，ビネー法は個人の知能水準を概観することに重きをおき，ウェクスラー法は知能構造の特徴やそれを通して臨床診断にも役立てることを目的としている。このために，臨床場面ではウェクスラー法が用いられやすい。
　また，障害児就学指導の分野では，上記のビネー法やウェクスラー法に加え

て乳幼児発達検査や社会生活能力検査等がしばしば用いられる。

## 2）人格検査

人格検査もまた，その実施法によって個人式のものと集団式のものがあるが，一般には，測定法の違いによって，質問紙法人格検査，作業検査法人格検査，投影法人格検査の3種類に分けられる。

### （1）質問紙法人格検査

質問紙法の人格検査は，あらかじめ用意された質問紙に「はい」，「いいえ」などで答えさせ，その結果から人格をアセスメントしようとするもので，個人的にも集団的にも実施できる。しかし臨床場面では，被検者の行動特徴をよりよく理解するために，通常は1対1の個別に実施される場合が多い。

質問紙法の人格検査は，それぞれの検査理論にもとづいて客観化の手続きが行われているので，実施方法も簡単で結果の処理も機械的にでき，他の資料とも比較できるという利点があるが，自己の性格特徴を内省的に評価させる自己評価法であるために，種々の自己防衛が働き，回答がゆがみやすいという弱点がある。また，このように被検者の意識的な判断によって回答がなされるので，質問紙法人格検査は主として意識水準での人格特徴を反映すると考えられる。したがって，この種の検査を実施する場合は，被検者ができるだけありのままに自己開示できるような検査状況を用意することが重要である。

質問紙法人格検査には種々のものがあるので，その目的によって使い分ける必要があるが，臨床場面で比較的よく用いられる検査としてはY-G（矢田部ギルフォード性格検査），MMPI，CMIなどがある。

### （2）作業検査法人格検査

作業検査法の人格検査は，一定の作業課題を与えて，そこに見られる作業の経過や結果から被検者の人格をアセスメントしようとするもので，代表的なものに内田クレペリン精神作業検査がある。個別的にも集団的にも実施できるが，

臨床場面では個別的に行うことが望ましい。

　作業検査法人格検査の特徴は，作業課題を与えることによって，性格を測定されているという意識を被検者に抱かせないように工夫されている点である。このために，質問紙法の人格検査にみられるような自己防衛的な操作が働きにくく被検者は与えられた課題の遂行に夢中になって，知らず知らずのうちにありのままの性格特徴を現すと考えられる。この点で，作業検査法の人格検査は，質問紙法人格検査よりも，もう少し深い意識的，無意識的水準の人格特徴を反映するといえる。

　しかし，作業検査法人格検査は，一定の作業課題のもとで行われるものであるから，人格を多面的にとらえることは難しい。また，作業課題にとりくむ意欲の有無が性格以前の問題として，検査結果に大きな影響を与えるので，この種の検査の実施にあたっては，特に検査意欲を高めるための動機づけが重要である。

### (3) 投影法人格検査

　投影法の人格検査は，いずれも漠然としたどのようにでも解釈できるような刺激課題を与え，それに対して各人各様の仕方で自由に反応させ，その反応を手がかりに人格をアセスメントしようとするもので，代表的なものにロールシャッハ検査やTATがある。この他，臨床場面でよく使用されるものとしては，SCT，P-Fスタディ，バウム検査などがあり，中には集団実施の可能なものもあるが，投影法人格検査の多くは個別式である。

　投影法人格検査は，質問紙法人格検査や作業検査法人格検査と異なって，刺激課題に対して，どのようにそれを受けとめ判断し反応するかという行動の枠組みが被検者に与えられていないところに特徴がある。したがって，被検者は自分流のやり方でしか反応できず，そこに被検者の意識的，無意識的な性格特徴が現れることになる。投影法人格検査は，このように検査構造が構造化されずに漠然としていることから「非構造的検査」とも呼ばれるが，こうした検査構造の特徴のゆえに他の検査法にくらべると，より無意識的水準の人格特徴を反映しやすいと考えられる。

　また投影法人格検査は，実施法は比較的容易であるが，結果の整理法や解釈法は難しく，一定のスコアリング・システムや解釈基準を持たないものも多い。

つまり，この種の検査は，検査結果に現れた1つ1つの反応を通して，その背後にある人格構造やその力動性を読みとる検査者の力量に，その存在価値がかかっているともいえる。したがって，投影法人格検査を充分使いこなすためには，人格理論や行動理論，精神病理学理論などの幅ひろい知識とともに比較的長期にわたる検査経験が必要である。

以上，心理検査の種類と特徴を概観したが，個々の検査には，それぞれの検査理論と検査目的があり，測定する側面や水準が異なるので，実際の使用にあたっては，これらを充分考慮して，臨床上の検査目的に合った検査を適切に選択することが重要である。

## 2. 心理検査の選び方

### 1）よい心理検査の条件

さて，実際に心理検査を実施しようとする場合，どのような心理検査を選べばよいのであろうか。同じ知能や性格を測定する心理検査にも各種のものがあり，特に集団式の知能検査や質問紙法の人格検査は，その種類も豊富である。しかし，これらの検査が本当に実用に耐えうるためには，次のような条件が充分みたされていることが必要である。

#### （1）妥当性

心理検査の妥当性とは，その検査が測定しようとしている目標，例えば知能や性格特性をどの程度適切に測定しているかの度合をいう。したがって，妥当性の高い検査ほど，測定しようとする目標が適切に測定されているといえる。

このような妥当性は，検査の目的や構成によって，種々の観点から検討されるが，大別すると，概念的妥当性，内容的妥当性，基準関連妥当性などがある。

概念的妥当性とは，知能や性格などの心理的機能を説明する諸概念が，どの程度検査結果と対応しているかを示すものであり，内容的妥当性とは，目的とする心理的機能を測定するために準備された検査内容（問題項目）が，それを測定するのにどの程度かたよりのないよいサンプルであるかを示すものである。また基準関連妥当性は，他の役に立つ基準と検査得点との相関をみることによって求められる。例えば，ある性格検査の結果をその時点での行動評定の結果と比較するとか，新しく作られた知能検査の成績を既存の信頼できる知能検査を用いた成績と比較して相関をみるなどである。このようにして得られる妥当性は，また併存的妥当性ともいう。また入社前に実施した適性検査の成績を入社後の作業成績と比較して相関をみる場合もある。もし相関が高ければ，その適性検査によって将来の作業成績を予測することができるので，このような妥当性は予測的妥当性といわれる。妥当性には種々のものがあるが，どのような手続きによって，どのような基準にてらして得られたものであるかに注意することが大切である。

### (2) 信 頼 性

心理検査の信頼性とは，その検査の測定結果がどの程度安定しているかを示すもので，だれが，いつ，どこで，くりかえし実施しても測定結果に狂いのない度合をいう。したがって，狂いが少なければ少ないほど，その検査の信頼性は高いといえる。しかし，実際の心理検査には，検査内容のサンプリングの問題や検査を実施するときの内的，外的条件の影響によって，ある程度の測定誤差はつきものである。このような誤差を考慮しつつも測定結果がどの程度安定しているかを示すのが信頼性係数である。

検査の信頼性係数を確かめる方法には，いくつかある。比較的よく用いられる方法は，同じ検査を同一集団に時期をずらして2回実施し，両方の検査結果の相関を求めるやり方である。相関が高ければ，それだけ検査の信頼性は高くなる。このような方法を再検査法という。この他には，同じ性質の検査を2種類作り，それらを同一集団に実施し，両者の測定結果の相関を求める等価検査法や同じ検査内の問題項目を前半と後半に，あるいは奇数項目と偶数項目とに二分して実施し，その両者の相関を求める折半法などがある。

### (3) 標準化

　標準化というのは，個人や集団の検査得点をできるだけ客観的に評価するための妥当な基準を作る一連の手続きのことである。たいていの心理検査の得点は，このような基準にてらして，はじめてその価値が明らかになるものであるから，この手続きが粗雑であると，得点の解釈にも狂いが生ずることになる。

　標準化の手続きは，検査問題の検討・作成にはじまり，予備調査，標本の抽出，資料の収集，標準値や標準尺度の構成，妥当性・信頼性の検討などいくつかの段階があるが，とりわけ重要なことは，どのような標本集団で標準化が行われているかである。理想的には母集団全体を対象にして標準化の行われることが望ましいが，このような方法で，例えば日本人の知能特徴を標準化しようとすれば，日本人全体の資料を必要とすることになり，現実には不可能である。このために抽出されるのが標本集団であるが，この標本集団の人数が少なすぎたり，抽出の仕方にかたよりがあると，母集団を代表する資料として結果を一般化することができなくなる。したがって，どれくらいの規模の標本数で，どのような人々を対象としたか，性差や年齢差，地域差などがよく統制されているかなどについて，心理検査の選択や使用にあたっては，充分検討しておくことが大切である。また標準化の時期についても検討を忘れてはならない。あまりにも時間の経過しすぎたものは，時代差の影響を受けるからである。

　現在市販されているほとんどの心理検査には，こうした標準化の手続きや妥当性，信頼性の水準がその手引書に示されているので，心理検査を選ぶ場合の参考にするとよい。


## 2) 臨床における心理検査

　前節では，心理検査を選ぶ場合の一般的指標について述べたが，臨床における心理検査を考える場合，もう1つ重要な点を考慮する必要がある。それは，臨床的活動がすぐれて個別的なものであるということである。すなわち，臨床場面においては，患者ひとりひとりの独自性を理解し援助することが重要である。したがって，知能や人格の理解も集団の基準にてらしてどのような特徴をもっ

ているかということよりも，むしろその人自身の知能構造の特徴やその人独自の人格構造とその力動性の理解に重きがおかれる。このような観点から各種の心理検査を考えると，多くの質問紙法の検査や知能検査のように構造化された心理検査（標準検査・客観検査）は，客観性においてはすぐれているが（もちろん妥当性・信頼性のある場合），このような個人の独自性をとらえる点では弱さがある。これに対して，投影法のような非構造的な検査は，客観性には劣るが，個人の反応の仕方を直接分析の対象にしているだけに，ひとりひとりの独自性をとらえやすいという特徴がある。したがって，前節で述べた「よい心理検査の条件」を考慮しつつ，またこうした臨床的要求に応える心理検査を選ぶことも重要である。

## 3. 心理検査実施上の留意事項

　心理検査には多くの種類があり，個々の心理検査によってその実施方法は異なるが，ここでは心理検査の実施をめぐって全般に共通する問題をいくつかとりあげよう。

### 1）心理検査の実施目的

　心理検査を実施しようとする場合に，まず明らかにしておかなければならないことは検査の目的である。この目的は，少なくとも2つの視点から考えられなければならない。すなわち，誰のための検査で，何のために実施するのかということである。この目的があいまいであると，不要な検査を実施したり，心理検査の選択が安易になったり，検査結果を有効に生かすことができなくなる。
　心理検査を実施する第1の目的は，もちろん被検者のために役立つことである。

したがって，被検者の利益に貢献しないような心理検査の実施はひかえるべきである。ましてや自分の研究用の資料を得るためとか，とりあえず心理検査をといった安易な実施は厳に慎まなければならない。また臨床では，意識的には患者理解のためといいながら，治療的援助のゆきづまりを心理検査で合理化している場合もあるので注意が必要である。

心理検査を実施する第2の目的は，臨床上の要請によって様々である。一般に精神科臨床では，患者の知能や性格のアセスメント，疾病の鑑別診断，行動予測や予後判定，治療効果の判定などを目的として心理検査が利用される。これらの目的によって，使用する心理検査の種類も異なってくる。また2つ以上の検査の組合せ（テスト・バッテリー）の必要な場合もあり，検査時期を考慮しなければならない場合もある。それゆえに，検査の実施に先だって検査目的を明確にしておくことが重要である。


## 2）検査場面をめぐる問題

心理検査は，X線検査や血液検査のような身体医学的検査と異なって，検査場面を構成する種々の要因によって影響を受けやすい。というのは，このような状況の中での被検者の行動を心理検査は測定しているからである。したがって，検査者は，つねに被検者が安心してありのままの自己を表現できるように，検査場面を工夫する必要がある。

### （1）検査場所
検査場所（心理検査室）としての基本的条件は，被検者が安心して快適に検査を受けられる部屋であることが望まれる。このために考えられることはいろいろあるが，まず採光がよく，室温や換気が適度に調節されていて，外部からの騒音も少ない静かな部屋であることが望ましい。

部屋の大きさは，あまり広すぎると漠然とした不安が生じやすく，逆に狭すぎると息づまる感じを与えやすいので，適度の広さ（6～8畳）の部屋がよい。部屋の内部は，できるだけ自然な印象を与えるように配慮し，検査机と椅子の

他に適度の家具調度を配置する。しかし，あまり華美なものや応接間のような雰囲気は，あらたまった緊張感を与えるので避けねばならない。

　検査者と被検者の座る位置は，検査の種類や被検者の状態，部屋の物理的条件などによって異なるが，通常，検査者と被検者が向い合って座る「対面法」と検査者が被検者の90度横に座る「側面法」のいずれかがよく用いられる。両法とも，それぞれ長所，短所がある。対面法は，被検者の表情や動作をよく観察できる点ではよいが，直接視線を合わせるために緊張感を与えやすく，一方，側面法はこうした緊張感は少ないが表情の観察ができにくいなどである。

　また検査室で用いられる椅子は，検査者用，被検者用とも同じような椅子を用い，椅子の高さもそろえておくとよい。差別感や威圧感を与えないためである。

### (2) 検査者―被検者関係

　検査者―被検者関係は，心理検査の結果に大きな影響を与えるので特に重要である。心理検査の結果は，いわば検査者と被検者との協同作業の産物だからである。したがって，検査者は，被検者が安心して検査にのぞめるように，被検者との間に暖かい信頼関係（ラポール）を作るように努力しなければならない。といっても，この関係はただにこやかで暖かい関係を意味するのではなく，相互の深い信頼感にささえられた関係でなければならない。

　このような関係を作るためには，検査者はまず第1に，検査の目的をよく知っており，そのための検査技術や他者理解の方法に習熟しておくことが重要である。この面のアイデンティティが揺らいでいると，被検者からの信頼感も得られにくくなる。第2には，単に検査目的を果すことのみに心が奪われることなく，被検者への全人的な関心をもつことである。これは被検者を単に検査の対象としてみるのではなく，ひとりの人間として彼自身に積極的な関心をもつことである。第3は，友好的で暖かい態度で接することである。このような態度に出会うとき，被検者は安心感を抱き，検査者への信頼感が生まれる。

　これらの点を充分自覚しながら，具体的には，次のような点に配慮する。臨床場面では，患者は種々の不安や恐れをもって検査にやってくる。ここはどういうところか，何をされるのか，どうすればよいのか，本当に自分を理解してくれるのかなど。そこで，まずこうした患者の不安や恐れを取り除くことであ

る。そのためには，検査に入る前に簡単な面接時間をとり，患者の気持を理解するとともに，これらの不安に応える努力が必要である。検査への導入面接では，患者がゆったりとくつろげるように配慮しながら，検査者自身の自己紹介や検査者の役割について説明し，また何のために検査が必要なのか，検査の目的や実施方法についてもわかりやすく説明する。その結果，患者の不安もやすらぎ，検査への動機づけも高まる。このような検査者の態度と会話を通して，検査者と被検者との信頼関係は形成されていくのである。したがって，例え時間がないときでも，いきなり検査を始めるようなことは避けなければならない。

### (3) 実施方法

心理検査を実施する場合の各検査に共通する問題としては，大きく，①どのように実施目的や実施方法を伝えるか，②どのような態度で実施するか，③どのように実施するかの3つに分けられる。

実施目的や実施方法の伝え方は，被検者の能力や状態，検査の種類によって異なるが，基本的には，被検者の気持を充分配慮しながら，被検者に理解できる言葉でわかりやすく伝えることである。特に子どもや老人，精神的に不安定な患者に対しては細心の気配りが必要である。これらの目的や方法がよく理解されていないと，不要な不安を被検者に与えるばかりでなく，検査結果も信頼できなくなる。

実施態度については，すでに検査者—被検者関係のところでも述べたが，信頼関係の形成に心しながら，友好的で暖かい態度でのぞむことが重要である。ことに投影法のような非構造的な検査では，検査者の態度による影響が大きいので，この点には特に注意が必要である。しかしまた，同時に客観的で公平な態度であることも忘れてはならない。

検査を実施する場合は，もちろん，それぞれの実施手引書にしたがって行なわなければならない。手引書は単にやり方の基準を示しているのではなく，それ自身が検査問題と同様に標準化された検査の一部をなしているからである。したがって，実施順序や教示の与え方，検査時間，質問への答え方など，手引書の指示通りに行なうことが大切である。しかし，教示の与え方は，あまり機械的，事務的になってはならない。

また，臨床場面では，患者によっては多少の変更を余儀なくされることもあるし，その方がよい場合もある。したがって，上述の原則を忘れてはならないが，心理検査は検査のためにあるのではなく，患者を理解するためにあるということも忘れてはならない。

## 3) テスト・バッテリー

多様な心理的機能をただ1つの心理検査で測定することは難しいので，いくつかの心理検査の組合せが必要となる。このような複数の検査の組合せをテスト・バッテリーという。臨床場面では，単に知能や性格といった部分的な心理的機能を知ることよりも，患者の全体像や問題点を理解することの方がより重要となるので，当然テスト・バッテリーが考慮されることになる。

ところで，どのような検査をどのように組合せるかは，それぞれの心理検査が測定しようとする側面の特徴や被検者に対する検査目的によって異なる。このために，テスト・バッテリーを考える場合には，あらかじめ各種の心理検査の特徴や検査目的についてよく理解しておくことが必要である。

心理検査には，すでに述べたように，大別すると能力検査と人格検査とがあり，人格検査には，さらに質問紙法，作業検査法，投影法などがある。質問紙法は自己評価法であるために意識水準の人格像を反映しやすく，投影法は非構造的な検査のために無意識水準の人格像が投影されやすい。作業検査法はこれらの中間に位置づけられるが，内田クレペリン精神作業検査などは意志・意欲の測度として役立つ。

また，同じ質問紙法でも，人格の全体像を多元的にとらえるもの（YG検査，MMPIなど），部分的にとらえるもの（向性検査，MPIなど），何らかの異常や問題点のスクリーニングを目的とするもの（CMI，MMPIなど），さらには，興味や適性，親子関係などをとらえるものなどがある。同様に投影法についても，それぞれの特徴がある。ロールシャッハ検査は人格の構造的，力動的側面をとらえるのに適しており，TATは社会的態度や対人関係様式などを反映しやすく，SCTなどは性格特徴や問題点を概観するのに有益である。

テスト・バッテリーの実際においては，このような心理検査の特徴を十分考慮しながら，検査目的にしたがって適切な検査をいくつか組合せて実施することになる。例えば，知能と性格に問題の予想されるケースでは，当然，知能検査と人格検査が組合される。この場合，性格の個人差を客観的にとらえようとするのであれば，YG検査のような質問紙法人格検査を用い，より深層の人格構造やその力動性に焦点をあてるのであれば，ロールシャッハ検査のような投影法人格検査を用いる。性格の意識的，無意識的側面の理解が問題となるケースでは，質問紙法人格検査と投影法人格検査を組合せ，意志・意欲の面も問題となれば，これに内田クレペリン精神作業検査などの作業検査法人格検査を加える。また標準検査（客観検査）のような構造化された検査と投影法のような非構造的な検査の組合せは，自我機能の強弱や統合度を知るのに有益である。というのは，非構造的な検査ほど自我の弱さが現れやすいからである。

精神科臨床では，しばしば疾患の鑑別診断が問題となるが，統合失調症（精神分裂病）の鑑別にはWAIS-R，MMPI，ロールシャッハ検査などを組合せ，器質的障害の有無の判定にはBGTや記銘力検査などがWAIS-Rやロールシャッハ検査と組合される。また入院時の状態像や患者の問題点の把握には，ロールシャッハ検査に加えてYG検査やSCTを用いる。ケースによってはMMPIやCMIが取捨選択される。症状経過や治療効果を客観的に評価する場合には，質問紙法人格検査やPFS，バウム検査などが適宜用いられる。またCMI，SCT，バウム検査などは，検査への抵抗が少ないために検査への動機づけや導入の検査としてもしばしば用いられる。この他にも，検査目的や対象によって種々のバッテリーが考えられるが，臨床場面では，その中心になるのはウェクスラー法の知能検査とロールシャッハ検査であろう。

テスト・バッテリーを考える上での留意点としては，何よりもまず検査者の使い慣れたよく習熟している検査を中心に考えることである。検査目的に適しているからといって検査の数を増やしても，その検査に習熟していなければ，得る情報も少なく，かえって被検者に精神的，経済的な負担をかけることになるからである。

また複数の検査を実施すれば，それだけ時間が長くなるので，この検査時間についても考慮しておくことが重要である。一般に一人1回の検査時間は2時間

が限度と考えられている。したがって，1回に実施できる検査の数も限られてくる。普通2～3種類が限度であろう。2時間を超える場合には，2回に分けて他日実施することになるが，あまり間隔があきすぎると，検査結果を統合する場合に他の要因が加わってくるので注意が必要である。さらにまた，検査対象が大人か子どもか，身体的なハンディはないか，検査時の状態はどうかなどについての考慮も必要である。これらの条件によって使用される検査も異なってくるからである。

## 4) 結果の整理と読み方

標準化された心理検査（標準検査）においては，結果の整理法もまた検査の一部を構成している。このために結果の整理にあたっては，手引書の採点法や整理法にしたがって厳正な態度で行うことが肝要である。一般に標準検査は，採点・評価が機械的にできるようになっているが，それでも個人式の知能検査のように記述的な問題を含む検査では，正誤の判断や重みづけの判定に迷うような場合が生じやすい。このような場合には，独断的な判断を避け，経験者の助言を求めるようにする。

一方，投影法の検査では，検査法の特殊性から結果の整理法も多様で，一定の方式をもたないものもあり，検査者の依拠する人格理論や検査理論によって処理の仕方や重視する側面も異なってくる。したがって，この種の検査結果の整理にあたっては，充分な経験や熟練が要求される。しかし，基本的な態度として，被検者の反応の分類や記号化に際しては，単に字義的な観点からのみならず，その時の被検者の心情に充分共感しながらすすめることが重要である。

検査結果の解釈は，もちろん個々の検査の解釈理論にしたがって行うことになるが，解釈にあたって忘れてはならないことは，検査結果に影響を与える種々の要因についての考慮である。これらの要因には，図1に示すように，①検査そのものの要因，②検査者の要因，③被検者の要因，④検査場面の要因などがある。

検査そのものの要因とは心理検査に内在する要因で，検査項目の作られ方，

```
        ┌──────── ④検査場面 ────────┐
        │  ②検査者 → ①検査 ← ③被検者  │
        └──────────────┬──────────────┘
                       ↓
                     結 果
```

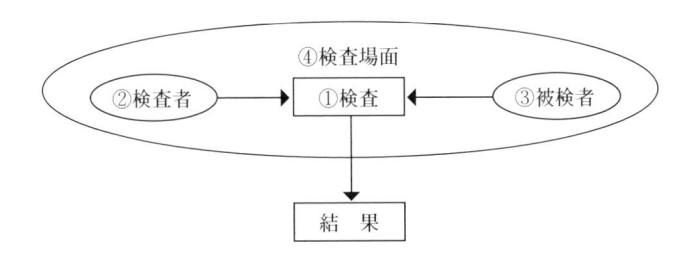

**図1. 検査結果に影響を与える要因**

項目や下位検査の提示順序，教示の明瞭さ，実施方法の難易度などがあり，検査者の要因には，性別や年齢，被検者への態度（例えば友好的か権威的かなど）などがある。また被検者の要因には，検査経験の有無，動機づけの程度，検査への態度（意識的，無意識的な反応歪曲や防衛），検査時の状態（生理的，心理的，また症状や薬物の影響など）などがあり，検査場面の要因には，検査室の広さや採光，温度，騒音などの物理的状況や検査者―被検者関係（面識の有無，信頼関係の度合，継続的か1回かぎりの関係かなど）がある。したがって，これらの要因について，例えば，被検者は検査のやり方をよく理解していたか，検査への動機づけは充分であったか，受検態度はどうであったか，検査時の被検者の生理的，心理的状態はどうであったか，検査者―被検者関係は友好的であったか，検査場面には問題はなかったか，などについて吟味する必要がある。このためには，検査に対する被検者の内省報告や検査中にみられる特徴的な行動や表情，態度などの分析が有益な情報を提供してくれるであろう。

　しかしまた，検査結果は，ある時点における1つの統制された条件下での情報に過ぎないので，それのみで結論を出すことなく，他の検査結果や情報にてらして充分吟味されなければならない。このような手続きを経て総合的に解釈なされるとき，はじめて心理検査も有益なものとなる。

# 第3章 心理検査の実際

## 1. 田中ビネー知能検査Ⅴ

| 作成者 | 田中教育研究所 |
|---|---|
| 発行所 | 田研出版（株） |
| 対象範囲 | 2歳〜成人 |
| 検査時間 | 60分〜90分 |

### 1）検査の概要

　本検査は、「田中ビネー知能検査」の最新の改訂版で、2003年に田中教育研究所によって標準化され、公刊された。本検査の初版は、スタンフォード大学のターマン（Terman, L.M.）らによるビネー法のスタンフォード改訂版（1937年版）をもとに、田中寛一らによって、1938年〜1943年に標準化が行われ、1947年に「田中・ビネー式知能検査」として公刊されたが、その後、時代の変化や人々の生活様式の変化に伴い、1954年と1970年、さらに1987年と3回の改訂が行われ、今回が第5版となる。このために「田中ビネー知能検査Ⅴ」と名づけられた。

　本検査は、これまでの改訂と異なり、検査内容だけでなく検査の構成そのものも大きく改変された。すなわち、13歳級までは従来通り生活年齢と精神年齢の比によって知能指数を算出するが、それ以上の成人級では精神年齢を廃止し、ウェクスラー法と同様に偏差知能指数を求めるように構成されたことである。このことによって、多少検査は煩雑になるが、従来から問題とされていた成人

の知能指数の曖昧さがかなり解消されたといえる。

　したがって，本検査の特徴は，問題の入れ替えや合格基準の見直しを行って現代の子どもの発達に適した尺度となっていること，13歳級までは精神年齢，知能指数を，成人級（14歳以上）は偏差知能指数（DIQ）を算出できるようにしたこと，また，成人級については領域別のDIQの算出によって知能を分析的に測定できるようにしたこと，さらに1歳級以下の発達を捉える指標「発達チェック」を用意したこと，検査への動機づけをたかめるために検査用具のカラー化や大型化を行なったこと，検査結果を一望できるアセスメントシートを採用したこと，などである。

## 2）検査内容

　検査の構成は，1歳級以下を対象とした発達チェック11問，1歳級より13歳級に96問，14歳以上の成人級に17問の合計124問からなり，1歳級より13歳級までは，従来通り問題は年齢尺度化され，難易度の易しいものから難しいものへと順に並べられており，1歳級より3歳級までは各年齢級に12問，4歳級より13級までは各年齢級に6問が用意されている。一方，14歳以上の成人級は問題を年齢尺度化せず，知能の領域別に問題を用意し，すべての問題を実施するように工夫されている。これは偏差知能指数を算出するためである。

　問題内容は，思考，推理，判断，記憶，数理，言語，知覚などを問うものからなっており，低年齢級には動作性の課題が多く，14歳以上の成人級では、言語性と動作性の課題が別々に用意されている。内容の一部を具体的に紹介すると次の通りである。

### 1　歳　級
第3問　身体各部の指示
　　子どもの全身像が描いてある絵カードを示し，「この男の子の目はどれですか。指でさしてごらんなさい。」と質問する。同様にして，「足」「鼻」「髪の毛」について順に問うもの。

第8問　3種の型のはめこみ
　図2に示すような「はめこみ板セット」を用いて，はじめに四角形，円形，三角形の型をはめこみ板にはめたまま（図左）提示し，子どもの目の前でそれを全部ぬきとり，図右のように並べて置き，それらをもとのところにもどさせるというもの。

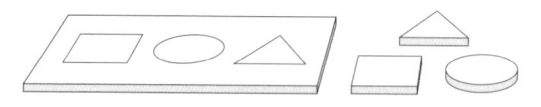

**図2．3種の型のはめこみ**
（田中教育研究所：田中ビネー知能検査法Ⅴ，田研出版より）

## 3　歳　級

第25問　語彙（絵）（全18問）
　図3に示すような飛行機の他に，手，家，かさ，くつ，など子どもが日常よく知っている物の描いてある絵カードを1枚ずつ示し，「これは何ですか」とその名称を問うもの。提示時間は1枚につき10秒前後，最長15秒とする。

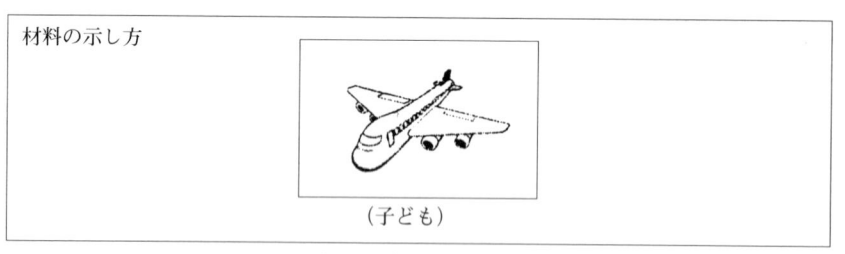

材料の示し方

（子ども）

**図3．絵カードの例**
（田中教育研究所：田中ビネー知能検査法Ⅴ，田研出版より）

第30問　数概念（全4問）
　立方体の積木2個，円形のチップ5個を用意し，子どもの前に積木2個を置き「いくつありますか」と問う。またチップ4個をばらばらに置き，「ここにあるチップの中から2つ私にください」と問う。制限時間は特にない。

## 6 歳 級

第50問　曜日（全3問）

　「これから，曜日のことについていろいろと聞きます」といって「金曜日の次の日は何曜日ですか」とか「金曜日の前の日は何曜日ですか」と問い，曜日を答えさせるもの。

## 10 歳 級

第73問　絵の解釈

　子どもが外を眺めている場面の描いてある絵カードを示し，「この絵をよく見てください。これは，どういうことが描いてある絵ですか。説明してください。」と絵の状況を解釈させるもの。制限時間はないが反応時間を記録する。

第78問　積木の数（全14問，制限時間あり）

　図4のような積木の絵の描いてあるカードを示し，「この図は，積木を重ねたものです。いくつ積木がありますか。指や鉛筆など使わないで数えてください。」と積木の数を問うもの。連続6問失敗すれば中止する。

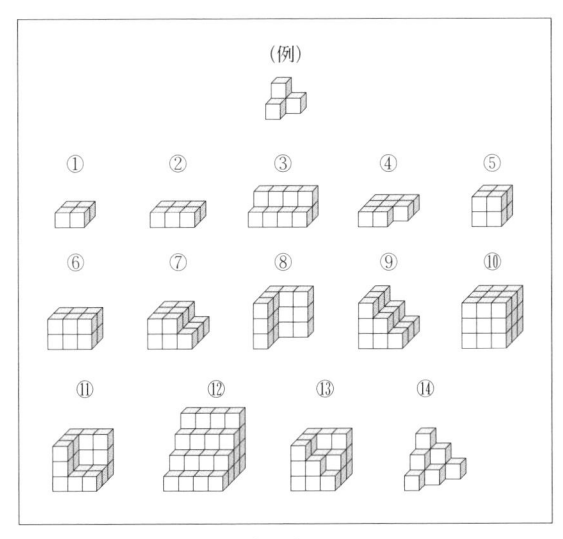

図4．3種の型のはめこみ
（田中教育研究所：田中ビネー知能検査法V，田研出版より）

## 成 人 級

A06問　概念の共通点（全7問）

「これから，2つの言葉を言いますから，その共通点を言ってください」と2つの言葉の共通点を問うもの。

　① 夏と冬
　② あまいとからい
　③ 多いと少ない

A10問　ことわざの解釈（全10問）

ことわざの意味を問うもの。

　① 二兎を追うものは一兎をも得ず
　② 月とすっぽん

A16問　数の順唱（全8問）

「これから数をいくつか言います。あなたは最後までよく聞いていて，その数字をわたしが言ったとおりに言ってください。」と言って，以下のような数字を読み上げ，それを順唱させるもの。

　① A列　7－5－9
　　 B列　2－8－3
　② A列　6－5－3－7
　　 B列　1－4－7－5
　③ A列　3－8－2－5－9
　　 B列　6－5－9－1－4


## 3）実施方法

### （1）準備するもの

所定の検査用具の他に，マニュアル（理論マニュアル，実施マニュアル，採点マニュアル），記録用紙，被検者用紙，所定用紙2種類（A5判），ストップ・ウォッチ，筆記用具（鉛筆数本，赤鉛筆），ものさし，分度器，ハンカチなど。

## （2） 検査のすすめ方

　田中ビネー知能検査Ⅴの適用年齢は，従来どおり2歳から成人までであるが，13歳級までは問題は年齢尺度化され，14歳以上の成人級では問題は領域別に配置され，すべての問題を実施するようになったので，検査のすすめ方も少し複雑になった。そこで，それぞれの場合に分けて実施の手順を説明する。

### A）生活年齢14歳未満の場合

　検査問題は，たくさんあるが，これを同一被検者にすべて実施する必要はない。問題は難易度の易しいものから難しいものへと並べられているので，通常は被検者の生活年齢に相当する問題から始めればよい。しかし，臨床場面で知能が問題となる場合は，何らかの障害の疑われる時であろう。したがって，予想される被検者の能力に合わせて，実際の生活年齢よりも1～2歳，時には相当低い年齢に該当する問題から始めるのがよい。そうすれば，被検者に不要な失敗体験を与えず，検査がスムーズに行われるばかりでなく，検査時間の短縮にもなる。

　検査は，最初に提示した年齢級の問題に，1つでも誤答があれば下方に誤りの1つもない年齢級（基底年齢級）まですすみ，次に上方に正答の1つもない年齢級（上限年齢級）まで実施して終わる。最初に提示した年齢級の問題に誤答がなければ，そのまま上方に正答の1つもない年齢級まですすみ終わる。なお，同一問題が異なる年齢級にもくり返し出現することがあるが，この場合は検査を再び行わないで，最初の結果によって合否を決めればよい。

### B）生活年齢14歳以上（成人）の場合

　生活年齢が14歳0ヶ月以上の場合は，精神年齢を求めることをせず，領域ごとの評価点や偏差知能指数で結果を表示するために，原則として成人級のすべての問題（A01～A17）を実施して終わる。

　通常は，下の年齢級に下がって実施することはないが，成人級の問題があまりにも難しすぎて，実施の困難な被検者の場合には，13歳級以下の問題を実施して知的発達の基礎的なレベルを把握する。この場合の実施法は，前述の「生活年齢14歳未満の場合」の手順と同様である。

C）生活年齢14歳で成人級をも実施する場合

　生活年齢が13歳11ヶ月以下であっても，13歳級の問題を1問でも合格した場合には，成人級を実施する。この場合は，前述の「生活年齢14歳以上の場合」の手順と同様に，A01～A17のすべての問題を実施する。

D）発達チェックの実施法

　「発達チェック」は，1歳級の問題を実施して未発達なところが予測された子どもについて，発達の目安を知るためのもので，S01～S11までの11項目で構成されている。問題の提示順序は一応示されているが，子どもの興味を引きそうな問題から提示するなど，柔軟に変更してもよい。

　検査者は課題を子どもに与えて反応を観察し，記録用紙の検査場面欄にチェックする。もし反応が得られないときは，日常の生活場面において，できるか否かを保護者などに確認し，日常場面欄にチェックする。このように発達チェックは，検査場面での反応と保護者などの日頃の観察による日常場面での行動の両面からチェックする仕組みになっている。

　以上，検査の基本的なすすめ方について述べたが，教示の与え方や問題の提示順序は実施マニュアルに従い，余分な説明や勝手な解釈を加えたり，提示順序を変更したりすることは望ましくない。このために，検査者は前もって実施マニュアルを熟読し，必要な実施要領を充分習得しておくことが大切である。また各問題の採点基準についても充分知っておく必要がある。そうでないと，各問題への合否が判定できず，いつ検査を終了にするか決められなくなるからである。このように，実施マニュアルを見ながらではなく，余裕をもって検査を実施することは被検者の検査者への信頼感や検査意欲を高める上でも重要である。

　検査中の検査者の仕事は，問題を提示し教示を与えながら，被検者の行動観察と返ってきた反応を記録することである。また，必要に応じて検査時間を測定する。記録は所定の記録用紙を用いればよいが，単に正答か誤答かをチェックするだけでなく，被検者の答えの内容をできるだけ詳しく，かつ具体的に記録しておくとよい。また被検者の表情，態度，気分の状態など検査中にみられ

た印象深い点についても，合わせて記録しておくとよい。また，これらの行動観察は検査終了直後にアセスメントシートに転記する。これらは個人の知能特徴のみならずパーソナリティのアセスメントにとっても有益な資料となる。

## 4）結果の整理

まず記録用紙を基に被検者の反応を採点する。この場合，安易な採点に陥ることなく，採点マニュアルに沿って正確に採点することが肝要である。

つぎに被検者の生活年齢（CA）を求める。その算出方法は，検査実施の年月日から被検者の生年月日を引けばよい。ただし，1ヶ月は30日とし，30日未満は切り捨てる。なお，14歳以上は精神年齢を求めず，偏差知能指数（DIQ）を求めることになったので，従来の修正生活年齢は不要となった。そこで，14歳未満の場合と14歳以上の場合に分けて結果の整理法を簡単に述べる。

### A）生活年齢14歳未満の場合

生活年齢を算出したら，つぎに精神年齢（MA）を求める。精神年齢は，実施した問題の合格数によって算出されるが，表1に示すように，各年齢級において1問についての加算月数が異なるので注意が必要である。

例えば，1歳～3歳では，1問が精神年齢1ヶ月に相当し，4歳～13歳までは2ヶ月に相当する。また，14歳未満で，成人級まで実施がまたがった場合は，成人級の加算月数が必要となる。この場合の算出法は，下位検査得点の合計点から算出するが，実施マニュアルの巻末にある付表2「成人級の下位検査合計得点と加算月数との対応」によれば簡単に求められる。

表1 精神年齢算出における各年齢級の1問に対する加算月数

| 年齢級 | 1～3歳 | 4～13歳 | 成人 |
|---|---|---|---|
| 加算月数 | 1ヵ月 | 2ヵ月 | 採点マニュアルの付表2により算出 |

（田中教育研究所：田中ビネー知能検査法Ⅴ、田研出版より）

そこで，精神年齢の算出は，まず基底年齢（全問合格した年齢級＋1歳）を求め，つぎに基底年齢以上の各年齢級における合格問題の総数を求め，これに加算月数を乗じて基底年齢に加えればよい。もちろん，合格問題が3歳～5歳級とか，13歳～成人級にまたがる場合には，得点を分割し，それぞれの加算月数を乗じて加算することになる。

つぎに具体的な算出例を示そう。表2の例では，2歳級に全問合格しているので基底年齢は2歳＋1歳で3歳となる。そして3歳級では9問合格し，4歳級以上では4問合格しているので，これを月数に換算すると，9×1＋4×2＝17ヶ月となる。したがって，精神年齢は，3歳＋17ヶ月＝4歳5ヶ月となる。

表3の例では，12歳級を全問合格しているので基底年齢は12歳＋1歳で13歳である。13歳級は5問合格しているので月数は5×2＝10ヶ月となる。さらに成人級では，下位検査の合計得点が147点であり，これを採点マニュアルの巻末にある付表2を用いて月数に換算すると5ヶ月となる。したがって，表3の例での精神年齢は13歳＋10ヶ月＋5ヶ月＝14歳3ヶ月となる。

**表2　検査の成績表1**

| 年齢級 | 2 歳 | 3 歳 | | | | | | | | | | | |
|---|---|---|---|---|---|---|---|---|---|---|---|---|---|
| 問題番号 | 13……24 | 25 | 26 | 27 | 28 | 29 | 30 | 31 | 32 | 33 | 34 | 35 | 36 |
| 合格 不合格 | 全問合格 | ○ | ○ | ○ | ○ | ○ | ○ | ○ | ○ | × | × | ○ | × |

| 年齢級 | 4 歳 | | | | | | 5 歳 | | | | | | 6 歳 |
|---|---|---|---|---|---|---|---|---|---|---|---|---|---|
| 問題番号 | 37 | 38 | 39 | 40 | 41 | 42 | 43 | 44 | 45 | 46 | 47 | 48 | 49……54 |
| 合格 不合格 | ○ | × | × | × | ○ | × | × | × | × | ○ | × | ○ | 全問失敗 |

（田中教育研究所：田中ビネー知能検査法Ⅴ，田研出版より作成）

**表3　検査の成績表2**

| 年齢級 | 12 歳 | | | | | | 13 歳 | | | | | | 成 人 |
|---|---|---|---|---|---|---|---|---|---|---|---|---|---|
| 問題番号 | 85 | 86 | 87 | 88 | 89 | 90 | 91 | 92 | 93 | 94 | 95 | 96 | A01……A17 |
| 合格 不合格 | 全問合格 | | | | | | ○ | ○ | ○ | × | ○ | × | 合計得点 147点 |

（田中教育研究所：田中ビネー知能検査法Ⅴ，田研出版より作成）

また，1歳級の問題に不合格があった場合には，さらに遡って実施する問題がないので，便宜上，1歳級を6問以上合格していれば基底年齢を1歳とみなし，それ以後の合格した問題を月数に換算して精神年齢を算出する。一方，1歳級の問題を7問以上不合格の場合は，あえて精神年齢を算出せず，算出不能とする。

　こうして得られた精神年齢をもとに，知能指数（IQ）を求める。これは，つぎの公式によって算出される。

$$知能指数(IQ) = \frac{精神年齢(MA)}{生活年齢(CA)} \times 100$$

　しかし，実際には採点マニュアルの巻末にある「知能指数換算表」を用いれば，特に計算する必要もなく，簡単に知能指数が得られるようになっている。

## B) 生活年齢14歳以上（成人）の場合

　まず各下位検査の得点を求める。つぎにこの得点と生活年齢をもとに，採点マニュアルの巻末にある「成人級下位検査得点の評価点換算表」を用いて各下位検査の評価点を求める。この評価点を領域別に合計し，領域別評価点及び全評価点合計を算出する。アセスメントシートは，各下位検査の評価点をそれに対応する領域に記入するようになっているので，縦に合計すれば簡単に領域別評価点が得られる。これらの評価点をもとに，領域別DIQ，総合DIQを求める。これは，つぎの公式によって算出される。

$$偏差知能指数(DIQ) = \frac{15(個人の得点 - 平均得点)}{標準偏差} + 100$$

　しかし，実際には計算をする必要はなく，採点マニュアルの巻末にある「成人級領域別DIQ換算表」及び「成人級総合DIQ換算表」を用いれば，簡単に求められるようになっている。

　なお，領域内の各下位検査得点がすべて0点の場合は，その領域のDIQは算出しない。同様に，1つでも領域別DIQが算出できない場合は，総合DIQも算出しない。

## 5）結果の読み方

　結果は，14歳未満の場合は，精神年齢（MA），知能指数（IQ）で，14歳以上の場合は，領域別偏差知能指数（DIQ），総合偏差知能指数（DIQ）等によって表示される。そこで，14歳未満の場合と14歳以上（成人）の場合に分けて結果の読み方を簡単に述べる。なお，知能段階については，田中ビネー知能検査Ⅴには具体的に示されていないので，参考までに，従来の田中ビネー知能検査法による知能段階区分を表4に示す。

### （1）生活年齢14歳未満の場合

　まず精神年齢と知能指数（IQ）によって，子どもの知能の水準を評価する。精神年齢は，知能水準を具体的にイメージ化するのに便利であるが，同じ精神年齢でも5歳の子どもと10歳の子どもでは知能の発達に違いがある。また同じIQでも生活年齢が違えば知能の発達は異なる。したがって，精神年齢やIQから知能水準を読む場合には生活年齢を考慮する必要がある。またIQの数値には，田中ビネー知能検査Ⅴでは±8の測定誤差のあることも忘れてはならない。さらにビネー法の検査では，言語性や動作性の問題が各年齢級にランダムに配置されているので，言語や行動面に障害のある人には不利となりやすく，実際の能力よりも低く評価されやすい。したがって，知能水準の評価に当たっては，こ

表4　知能指数（IQ）と知能段階

| IQ | 知能段階 | 理論上の% |
|---|---|---|
| 140以上 | 最　優 | 1 |
| 124〜139 | 優 | 6 |
| 108〜123 | 中の上 | 24 |
| 92〜107 | 中 | 38 |
| 76〜91 | 中の下 | 24 |
| 60〜75 | 劣 | 6 |
| 59以下 | 最　劣 | 1 |

（田中教育研究所：田中ビネー知能検査法Ⅴ，田研出版より作成）

れらの点を充分考慮する必要がある。

　また検査結果の内容や反応の仕方などを検討することによって，単に知能水準のみならず，知能構造やパーソナリティの特徴など臨床上有意義な情報の得られることも多いので，この点への配慮も忘れてはならない。その場合，つぎのような点を検討する必要があろう。

　第1は，基底年齢級（全問合格の年齢級）から上限年齢級（全問不合格の年齢級）の間の合格問題数のバラツキを検討することである。一般に，格別の問題をもたない普通知能の被検者であれば，生活年齢相当の年齢級の問題を中心に合格し，あまり大きなバラツキを示さないのが普通である。しかし，このバラツキが大きい場合には，教育環境の問題や感覚器官・運動器官の障害，検査時の態度や精神状態，高年齢などの要因が何らかの関わりをもっていると考えられる。また，生活年齢と基底年齢や上限年齢との差の検討も重要である。生活年齢より基底年齢が低いほど発達の遅れを示し，生活年齢より高い上限年齢は知能の高さを示すと考えられる。

　第2は，どのような問題に合格し，どのような問題に失敗しやすいか，問題ごとの成功と失敗のバラツキを検討することである。言語理解を要する問題には失敗しやすいが動作性の問題はよくできるとか，意味理解はよいが記憶や判断力の問題には劣るなど，そのバラツキを検討することによって，個人の知能特徴をある程度推測することができよう。

　第3は，反応態度や反応内容の検討である。例えば，あまりよく考えずに即答する子どもには衝動性がうかがわれるし，少し難しい問題になると，すぐ「わからない」と投げ出してしまう子どもには，忍耐性の乏しさや場面逃避的な傾向などが推測される。一方，反応内容の面でも，例えば問題52（6歳級）の「電車に乗り遅れた場合にはどうしますか」に対して「つぎの電車を待つ」と答える子どもと「タクシーで行く」と答える子どもでは，おのずと子どもの行動傾向や家庭環境の違いがうかがわれる。同様に，問題59（7歳級）などの単語を列挙する問題からは，子どもの興味や関心の広がりや性格特徴などをある程度読み取ることもできよう。

　このように検査結果を多角的に検討することによって，より多くの情報を得ることができれば，それだけ臨床的には有益であり，また検査の意義も大きくなる。

## (2) 生活年齢14歳以上（成人）の場合

まず総合偏差知能指数（DIQ）をもとに全体的な知能の水準を評価する。といっても，検査結果は検査状況や検査時の状態，検査態度などいろいろな要因の影響を受けやすいので，DIQ の解釈は柔軟になされることが肝要である。

つぎに領域別 DIQ をもとに知能構造の特徴を評価する。本検査で測定される領域は「結晶性領域」，「流動性領域」，「記憶領域」，「論理推理領域」の4領域である。結晶性領域は，結晶性知能に関する領域で，この知能は言語性知能とも呼ばれ，経験の積み重ねによって獲得される能力であり，一生涯を通じて発達し結晶していく能力と考えられている。流動性領域は，流動性知能に関する領域で，この知能は動作性知能とも呼ばれ，新しいことを学習したり新しい環境に適応する能力であり，主に神経系の機能が土台になって決定されるもので経験はあまり関与しない。したがって，生理機能の発達とともに上昇し，それが衰えるにしたがって下降する能力である。記憶領域は，記憶に関する領域で，この能力は，経験を記銘したり保持したり再生する能力である。とりわけ，本検査では記憶の容量や必要な情報を選択的に記憶したり想起する能力が測定される。論理推理領域は，言語的な推理，数量的な推理，抽象的思考などさまざまな能力が総合的に働く領域で，上述の結晶性，流動性，記憶の要素がすべて関連する領域である。これら4領域の評価点および DIQ の優劣から知能構造の特徴を読む。

さらに反応内容や検査態度にも注目する。これらもまた被検者の能力やパーソナリティについて多くの情報を与えてくれるが，この点については，すでに前項で述べたので参照されたい。

＜解説書及び参考図書＞

　　田中教育研究所偏：田中ビネー知能検査Ⅴ，田研出版株式会社（2003）

　　田中教育研究所編：事例による知能検査利用法－子ども理解のための田中ビネー知能検査－，田研出版株式会社（1994）

## 2. 日本版 WAIS‐R 成人知能検査法

| 作 成 者 | 品川不二郎, 他 |
|---|---|
| 発 行 所 | 日本文化科学社 |
| 対象範囲 | 16歳～74歳 |
| 検査時間 | 60分～90分 |

### 1) 検査の概要

　本検査は, 一般的な知能水準を概観するにとどまらず, 知能構造の特徴を明らかにすることによって, 臨床的診断に役立てることを目的としている。日本版WAIS‐R (Wechsler Adult Intelligence Scale-Revision) は, 1990年に品川不二郎, 小林重雄, 藤田和弘, 前川久男らによって標準化され, 公刊された。1981年に, ウェクスラー (Wechsler, D.) がWAISを改訂しWAIS‐Rを公刊したことに対応して, 日本でも日本版WAISの改訂作業が試みられた。標準化に当たっては, 原版を参考にしつつ, 日本の文化や時代の変化を考慮し, 問題の内容については一部の修正や新たな問題の追加が行われた。日本版WAISとの比較では, 基本的な考え方や内容の構成には大きな違いはないが, 言語性と動作性の問題を交互に実施するようにしたこと, 適用年齢を65歳以上～74歳までに拡大したことなどに特徴がある。

　本検査の特徴は, ウェクスラー法の知能検査に共通することであるが, 知能とは「目的的に行動し, 合理的に思考し, 環境を能率的に処理する個人の総合的, 全体的な能力」であるというウェクスラーの知能観にもとづいて, 動機や誘因などの性格要因をも含め課題解決への個人の総合的な能力を測定しようとしていること, またビネー法と異なって, 言語性の検査と動作性の検査を分け, それぞれの能力及び全体的な能力が測定できるようになっていること, さらに言語性, 動作性の下位検査の結果がプロフィールに描けるようになっており,

知能構造の特徴がとらえられること，反応内容や態度からは性格や問題行動などのアセスメントができること，などである。なお，これらの特徴は以下に述べる WISC-Ⅲ や WPPSI にも当てはまる。

## 2）検査内容

検査の構成は，言語性6，動作性5の合計11の下位検査よりなり，各下位検査には，符号問題を除くと，表5に示すように，最低4問から最高35問の小問が用意されている。また，小問は難易度の易しいものから難しいものへと並べられている。つぎに下位検査の内容の一部を紹介しよう。

表5　下位検査の内容と問題数

| 言語性検査 | 問題数 | 動作性検査 | 問題数 |
|---|---|---|---|
| ①知　識 | 29 | ②絵画完成 | 21 |
| ③数　唱 | 14 | ④絵画配列 | 11 |
| ⑤単　語 | 35 | ⑥積木模様 | 10 |
| ⑦算　数 | 18 | ⑧組合せ | 4 |
| ⑨理　解 | 16 | ⑩符　号 | 93 |
| ⑪類　似 | 14 | | |
| 合計 | 126 | 合計 | 139 |

＊番号は実施順序を示す

**言語性検査**

(1) 知　識（全29問）
　　問5　寒暖計は何のためにありますか。
　　問15　ミケランジェロは何で有名ですか。
　　問25　「草枕」の作者は誰ですか。
(2) 数　唱（順唱7問，逆唱7問，全14問）
　　例　　順唱　5−8−2　　4−2−7−3−1
　　　　　逆唱　6−2−9　　1−5−2−8−6

(3) 単　語（全35問）

単語の意味を問うもの。

　　問1　電車
　　問5　長所
　　問10　道楽

(4) 算　数（全18問，制限時間あり）

　　問3　4円と5円を合わせると，いくらになりますか。（制限時間15秒）
　　問10　ある人が257個のみかんを5分間で数えました。1分間に平均何個数えたことになりますか。（制限時間60秒）

(5) 理　解（全16問）

　　問1　衣服（着るもの）を洗濯する（洗う）のはなぜでしょうか。
　　問5　初めての場所を旅行するとき，地図を利用する利点（利用すると都合のよい点）は何でしょうか。
　　問9　昼間，森の中で道に迷ったら，どのようにして道を見つけ出しますか。

(6) 類　似（全14問）

2つの事項の共通点，類似点を問うもの。

　　問1　犬とライオンは，どのように似ていますか。
　　問5　目と耳は………
　　問8　悲しみと喜びは………


**動作性検査**

(1) 絵画完成（全21問，制限時間各問20秒）

大切なところの欠けている絵を見せて，どこが欠けているかを問うもの。

(2) 絵画配列（全11問，制限時間あり）

図5に示すように，数枚（3〜6枚）のカードに描かれた絵をランダムに並べて示し，例えば「家」「入口」「説得」などのテーマにそって正しい順序に絵カードを並べかえるもの。

(3) 積木模様（全10問，制限時間あり）

赤と白とに塗り分けられた積木を4個または9個を用いて，教示にしたがって種々の模様を作るもの。

**図5. 絵画配列**

(4) 組合せ（全4問，制限時間あり）

ジグソーパズルのように断片化された小片をうまくつなぎ合わせて，もとの形を作るもの。

(5) 符　号（全93問）

図6に示すように，上段の1〜9の数字に対応する符号を下段に示すようにランダムに並んだ数字の下の空所に，左から右へとばさずに記入させる。90秒間にどれだけ多く，かつ正確に記入できるかが問題である。

| 1 | 2 | 3 | 4 | 5 | 6 | 7 | 8 | 9 |
|---|---|---|---|---|---|---|---|---|
| − | ⊥ | ⊐ | L | ∪ | ○ | ∧ | × | = |

練習問題

| 2 | 1 | 3 | 7 | 2 | 4 | 8 | 1 | 5 | 4 | 2 | 1 | 3 | 2 | 1 | 4 | 2 | 3 | 5 | 2 | 3 | 1 | 4 | 6 | 3 |
|---|---|---|---|---|---|---|---|---|---|---|---|---|---|---|---|---|---|---|---|---|---|---|---|---|
|   |   |   |   |   |   |   |   |   |   |   |   |   |   |   |   |   |   |   |   |   |   |   |   |   |

**図6　符　号**

（WAIS-R成人知能検査法，日本文化科学社より，図5も同じ）

## 3）実施方法

### （1）準備するもの

所定の検査用具（「符号」の採点盤1枚を含む），記録用紙，鉛筆数本，ストップウォッチ，記録用筆記具，実施手引書など。

### （2）検査のすすめ方

検査は実施手引書にしたがって行う。WAIS-RにかぎらずWISC-ⅢやWPPSI

などウェクスラー法の知能検査は，ビネー法の検査と異なり，適用範囲であれば生活年齢に関係なく，すべての下位検査の問題を原則として実施する。ただ下位検査によっては，どの問題から始めて，いつ中止するかが異なるし，また制限時間の設けられた問題もあるので，手引書を熟読し，その基準を充分理解しておくことが大切である。教示や練習問題の実施に当っては，手引書にしたがって行うが，特に高齢者の場合には，一度の教示で充分理解できないこともあるので，この点への配慮も忘れてはならない。またウェクスラー法の検査は，連続失敗体験の後に次の下位検査に移るようになっているために，被検査者の検査意欲が低下しやすい。したがって，充分ラポールをつけて，最後までがんばれるよう援助することが望まれる。今回改訂されたWAIS-Rは，この点を考慮して，言語性と動作性の下位検査が交互に実施されるように工夫されている。

検査時間（言語性と動作性の合計11の下位検査に要する時間）は，60分から90分である。一般的にいえば，一度に全部の下位検査を実施することが望ましいが，高齢者など，すぐ疲れたり興味を無くす場合には，2回に分けて実施しなければならないこともある。

記録は，すでにビネー法のところでも述べたように，単に正答・誤答をチェックするだけでなく，反応内容をできるだけ具体的にかつ正確に記録するとともに，検査中の表情や態度，特異な行動なども合せて記録しておくとよい。これらは，知能やパーソナリティのアセスメントにとって有益な資料となる。

### (3) 簡易実施法

11種の下位検査は，原則としてすべて実施することが望ましいが，時間のないときやおよその知能水準を知りたいときには，簡易実施法で実施することもできる。日本版WAIS-Rにおいては，1993年に簡易実施法が考案されており，その結果から全検査IQを推定することができるようになっている。それによると，2種類の下位検査の場合は「知識」と「絵画完成」を実施し，3種類の場合は，これに「数唱」を加える。4種類の場合は「知識」「絵画完成」「符号」「類似」を実施する。これらの下位検査の合計評価点から全検査IQを推定する。詳細は「日本版WAIS-R簡易実施法」を参照されたい。

## 4）結果の整理

　まず検査手引書の採点基準にしたがって各下位検査の粗点を算出し，記録用紙の該当欄に記入する。

　つぎに，この粗点を手引書巻末にある「年齢別粗点―評価点換算表」によって評価点に換算する。その方法は，まず被検査者の生活年齢に対応する年齢群の換算表を探し，つぎに各下位検査の粗点の行を横にたどると，両端及び中央に評価点が記載されているので該当する評価点を見つけることができる。こうして得られた各下位検査の評価点を記録用紙の該当欄に記入する。また，それらの評価点を言語性，動作性別に合計して，言語性評価点合計，動作性評価点合計を算出する。そして，これらの評価点合計を加算して全検査評価点合計を算出し，それぞれ記録用紙の該当欄に記入する。

　なお，何らかの理由で一部の下位検査を省略しなければならない場合もある。その場合には，比例配分によって，言語性，動作性，全検査の評価点を算出する。手引書の巻末には，5種類の言語性下位検査と4種類の動作性下位検査の粗点が得られた場合の「言語性検査および動作性検査評価点合計の比例計算表」があるので，これを利用すれば，いちいち計算をしなくてもよいので便利である。

　こうして得られた言語性評価点合計，動作性評価点合計および全検査評価点を手引書の巻末にある「年齢群別評価点合計―IQ換算表」によって言語性，動作性，全検査のIQ（知能指数）に換算する。その方法は，まず被検査者の年齢に対応する換算表を探し，つぎに，その換算表を用いて，言語性評価点合計，動作性評価点合計，全検査評価点合計のそれぞれに対応する言語性IQ，動作性IQ，全検査IQを求め，記録用紙の該当欄に記入する。なお，この場合の被検査者の生活年齢はすべて満年齢で数え，月数は切り捨てる。

　最後に，言語性，動作性の下位検査の評価点をプロフィール欄にプロットし，それらを線で結びプロフィールを描く。その凹凸から個人の知能構造の特徴を理解する手がかりが得られる。

　なお，従来のWAISには「職業別標準値換算表」が用意されていたが，その意義が認められないということで今回のWAIS-Rでは取り上げられていない。そ

れに代わって，新に「基準年齢群粗点―評価点換算表」が用意されている。この換算表は，下位検査の成績がピークになる20～34歳の年齢群を「基準年齢群」として，その成績をもとに作成されており，年齢にかかわりなく，すべての被検査者に適用される。この換算表を用いて得られた各下位検査の評価点は，記録用紙該当欄の（　）の中に記入する。しかし，この評価点を用いてIQを算出することはできない。

基準年齢群評価点を用いると，ピーク時の成績と比べて下位検査の成績がどの程度減衰しているかを知ることができる。高齢者の知能の特徴を知るのに有益である。必要に応じて利用すると良い。

## 5）結果の読み方

### （1）読み方のポイント

結果は，知能指数（偏差IQ）と知能段階および下位検査評価点のプロフィールで表示される。知能指数は，言語性IQ（VIQ），動作性IQ（PIQ），全検査IQ（FIQ）の3つで示されるが，ビネー法と異なって偏差IQであるところに特徴がある。これは，つぎの式で算出される。

$$偏差IQ = \frac{15(個人の得点-所属年齢集団の平均得点)}{所属年齢集団の標準偏差} + 100$$

これらの指標から，まず全体的な知能水準を概観し，つぎに言語性IQと動作性IQの差，下位検査の特徴，反応内容や態度の分析を行ない，知能構造や臨床診断的特徴を読み取る。

知能水準の概観は，知能指数と知能段階で知ることができるが，知能指数には，常に±3～±5の測定誤差のあることを考慮し，数値にこだわらず，ある程度の幅をもって評価する。全検査IQの測定誤差は，信頼度68％で±3，信頼度90％で±5であり，小林重雄らは，全検査IQの数値の後に（±3）と付記することを提唱している。なお，±3を採用した理由として，信頼度を上げれば上げるほど測定誤差は大きくなり，IQの解釈が曖昧になるからだという。

表6 ウェクスラー法の知能段階

| IQ | 分類 | 割合(%) 理論値 | 割合(%) サンプル値 |
| --- | --- | --- | --- |
| 130以上 | 非常に優れている | 2.2 | 2.0 |
| 120〜129 | 優れている | 6.7 | 7.2 |
| 110〜119 | 平均の上 | 16.1 | 17.1 |
| 90〜109 | 平均 | 50.0 | 49.3 |
| 80〜89 | 平均の下 | 16.1 | 15.7 |
| 70〜79 | 境界線 | 6.7 | 6.3 |
| 69以下 | 精神遅滞 | 2.2 | 2.4 |

(日本版WAIS-R成人知能検査法、日本文化科学社より)

　一般に，普通知能の成人は，IQが90〜109の間にあり，IQが69以下を精神遅滞とする。なお，知能段階の区分（表6）は，ビネー法と異なるので注意が必要である。
　つぎに，言語性IQと動作性IQに注目する。この場合も，信頼度68％で言語性IQには±3，動作性IQには±5の測定誤差のあることを考慮しておく。言語性IQと動作性IQの差は，正常人においてもみられるが，これがあまりにも大きくなると問題指標となる。ウェクスラーは，この差が15点の者は100例に3例，20点の者は100例に2例であり，多くの場合，15以上の差は診断的に意味があると述べているが，日本版WAIS-Rでは，この差が12点以上のとき，危険率5％水準で有意な差があると考えられている。
　言語性IQと動作性IQに有意な差があった場合，まず言語性機能や動作性機能に特定の障害がないかを検討する。もし障害がなければ，その差の意味を解釈する。一般に，高知能の者は動作性IQよりも言語性IQにすぐれ，低知能の者は逆に言語性IQよりも動作性IQにすぐれている。臨床診断的には，脳器質的障害や神経症，不安状態などは動作性IQよりも言語性IQが高く，一方，性格異常（非行型）や精神遅滞などは言語性IQよりも動作性IQが高いといわれる。
　また，下位検査得点（評価点）のバラツキにも注目する。下位検査の得点は，言語性，動作性の各下位検査とも10点が普通知能の水準（IQ＝100）と対応するようになっており，それよりも高い場合は平均よりもすぐれていることを，それよりも低い場合は劣っていることを示す。一方，個人内差異として，下位

検査のバラツキが有意な差をもって逸脱しているとみなすためには，下位検査の平均評価点から3点以上の差がなければならない。

下位検査のバラツキから，知能構造の特徴を理解するためには，それぞれの下位検査がどのような心理機能を測定しているかについて理解しておく必要がある。表7は，各下位検査によって測定される能力についてまとめたものである。知能構造の特徴を読み取る上で参考にされたい。

また，ウェクスラー以来，下位検査のプロフィール特徴をもとにして，臨床診断に役立てようとする試みがなされてきたが，両者の直接的な関係はそれ程明確ではなく，むしろ，プロフィール分析を通して，個人の知的能力の特徴とその優劣をより客観的に明らかにしようとする方向に変化してきた。この点に関しては，次節でその概略を簡単に紹介しよう。

検査結果を読む場合は，すでに田中ビネー知能検査Ⅴの項でも述べたように，知能の量的な側面のみならず，検査を通して被検者が提供する種々の情報にも目を向ける必要がある。本検査に限らずウェクスラー法の知能検査は，すぐれて投影法的要素が含まれているので，言語性や動作性検査への反応内容や態度から人格特徴をも読みとることができる。例えば，「封がしてあって，宛名が書

表7　各下位検査によって測定される能力

| 下位検査 | | 測定される心理機能 |
|---|---|---|
| 言語性検査 | 知　　識 | 一般的な事実についての知識量 |
| | 数　　唱 | 暗唱と即時再生，順序の逆転（逆唱のみ） |
| | 単　　語 | 言語発達水準，単語に関する知識 |
| | 算　　数 | 計算力 |
| | 理　　解 | 実用的知識，過去の経験についての評価と利用，常識的行動についての知識，社会的成熟度 |
| | 類　　似 | 論理的範疇的思考 |
| 動作性検査 | 絵画完成 | 視覚刺激に素早く反応する力，視覚的長期記憶の想起と照合 |
| | 絵画配列 | 結果の予測，全体の流れを理解する力，時間的順序の理解および時間概念 |
| | 積木模様 | 全体を部分に分解する力，非言語的概念を形成する力，視空間イメージ化 |
| | 組合せ | 視覚―運動フィードバックを利用する力，部分間の関係の予測 |
| | 符　　号 | 指示に従う力，事務的処理の速さと正確さ，紙と鉛筆を扱う技能，精神運動速度，手の動作の機敏さ |

（日本版WAIS-Rの理論と臨床、日本文化科学社より）

いてあり，切手も貼ってある封筒が道に落ちているのを見つけたら，どうしますか」という問に，「警察に届ける」と答えた人は，ステレオタイプな行動をしやすいことがうかがわれるし，一方「ポストへ投函する」と答えた人は，状況を冷静に判断し目的に即した行動のできることがうかがわれる。また，簡単な説明ですむところを，いかにも物知りのように長々と説明するような行動特徴からは，自分をよく見せようとする衒学的な態度やそうすることによって不安を解消しようとする防衛的な傾向などがうかがわれる。

### (2) プロフィール分析法

プロフィール分析法は，プロフィール分析表をもとに進められる。この分析表は，カウフマン（Kaufman）が考案したプロフィール分析法をもとに「日本版WAIS-R事例研究会」が，誰でも客観的かつ容易に行うことができるようにと意図して，作成したものである。表8は，高次脳機能障害を示した事例の分析表である（日本版WAIS-Rの理論と臨床より引用）。この分析表を参考にしながら，プロフィール分析表の構成と分析の手順を簡単に紹介しよう。

表8より理解されるように，プロフィール分析表は，Ⅰ．言語性下位検査，Ⅱ．動作性下位検査，Ⅲ．すべての下位検査と3つの分析表に分割されている。また，この3つの分析表は，関連性の高い能力または影響因を1つのまとまりとして，さらにいくつかの表に分割されている。これらの能力または影響因は単一の下位検査によってではなく，複数の下位検査によって共通に測定されるものである。

それぞれの分析表の最上段には，下位検査の評価点および平均評価点の記入欄があり，その下に判定記号の記入欄がある。また，左側に測定される能力または影響因があり，右側には各下位検査が並び，左側の能力または影響因に関連する下位検査の欄は白抜きになっている。そして，中央に各能力または影響因に対応する判定欄がある。

分析の手順の第1段階は，言語性下位検査，動作性下位検査，すべての下位検査の評価点および評価点平均を算出し，それぞれの該当欄に記入する。

第2段階は，これらの評価点平均と各下位検査の評価点との差を求め，そのズレを判定する。その判定基準はつぎの通りである。

## 表8　WAIS-Rプロフィール分析表

|  | 平均 | 知識 | 数唱 | 単語 | 算数 | 理解 | 類似 |
|---|---|---|---|---|---|---|---|
| 評価点 | 14.2 | 14 | 12 | 15 | 13 | 15 | 16 |
| SW |  | ± | − | ± | − | ± | ＋ |

## I．言語性下位検査

### I−1　言語能力

| | 判定 | 知識 | 数唱 | 単語 | 算数 | 理解 | 類似 |
|---|---|---|---|---|---|---|---|
| 言語理解（カウフマン：第1因子） | (△s) | ± | | ± | | ± | ＋ |
| 言語概念化（バナタイン） | (△s) | | | ± | | ± | ＋ |
| 言語表現 | (△s) | | | ± | | ± | ＋ |
| 言語概念形成（ラパポート） | (△s) | | | ± | | | ＋ |
| 抽象的言語概念の処理 | (△s) | | | ± | | | ＋ |
| 言語的推理 | (△s) | | | | | ± | ＋ |

### I−2　習得知識／長期記憶

| | 判定 | 知識 | 数唱 | 単語 | 算数 | 理解 | 類似 |
|---|---|---|---|---|---|---|---|
| 習得知識（バナタイン） | (△w) | ± | | ± | − | | |
| 長期記憶 | (△w) | ± | | ± | − | | |
| 学校での学習　　　　　影 | (△w) | ± | | ± | − | | |
| 記憶（ラパポート） | × | ± | | ± | | | |
| 知識の豊かさ | × | ± | | ± | | | |
| 知的好奇心と努力　　　影 | × | ± | | ± | | | |
| 初期環境の豊かさ　　　影 | × | ± | | ± | | | |

### I−3　第3因子

| | 判定 | 知識 | 数唱 | 単語 | 算数 | 理解 | 類似 |
|---|---|---|---|---|---|---|---|
| 聴覚記憶（ディーン） | △w | | − | | − | | |
| 聴覚的順序づけ | △w | | − | | − | | |
| 精神的敏捷性 | △w | | − | | − | | |
| 注意の持続　　　　影w | △w | | − | | − | | |

### I−4　その他

| | 判定 | 知識 | 数唱 | 単語 | 算数 | 理解 | 類似 |
|---|---|---|---|---|---|---|---|
| 結晶性知能（ホーン） | (△s) | ± | | ± | | ± | ＋ |
| 検索（ホーン） | △w | ± | − | | − | | |
| 興味　　　　　　　　影 | (△s) | ± | | ± | | | ＋ |
| 課外読書　　　　　　影 | (△s) | ± | | ± | | | ＋ |
| 外国語の背景　　　影w | × | ± | | ± | | | |
| 過度な具体的思考　影w | (△s) | | | | | ± | ＋ |

表8 WAIS-Rプロフィール分析表（続き）

| | 平均 | 絵画完成 | 絵画配列 | 積木模様 | 組合せ | 符号 |
|---|---|---|---|---|---|---|
| 評価点 | 13.6 | 15 | 14 | 16 | 12 | 11 |
| SW | | ＋ | ± | ＋ | － | － |

## Ⅱ. 動作性下位検査

| Ⅱ－1 第2因子 | 判定 | 絵画完成 | 絵画配列 | 積木模様 | 組合せ | 符号 |
|---|---|---|---|---|---|---|
| 知覚体制化（カウフマン：第2因子） | × | ＋ | ± | ＋ | － | |
| 空間（バナタイン） | × | ＋ | | ＋ | － | |
| 同時処理 | × | ＋ | | ＋ | － | |
| 認知スタイル［w：場依存／s：場独立］ 影 | × | ＋ | | ＋ | － | |

| Ⅱ－2 刺激の種類 | 判定 | 絵画完成 | 絵画配列 | 積木模様 | 組合せ | 符号 |
|---|---|---|---|---|---|---|
| 有意味画の視知覚 | (△s) | ＋ | ± | | | |
| 図形的刺激の視知覚 | × | | | ＋ | | － |

| Ⅱ－3 要求される反応の特徴 | 判定 | 絵画完成 | 絵画配列 | 積木模様 | 組合せ | 符号 |
|---|---|---|---|---|---|---|
| 視覚体制化（ラパポート） | (△s) | ＋ | ± | | | |
| 視覚―運動の協応（ラパポート） | × | | | ＋ | － | － |
| 視覚―運動の速さ（ディーン） | △w | | | | － | － |

| Ⅱ－4 その他 | 判定 | 絵画完成 | 絵画配列 | 積木模様 | 組合せ | 符号 |
|---|---|---|---|---|---|---|
| 組み立て | × | | ± | ＋ | － | |
| 完成状態の予測（ラパポート） | (△w) | | ± | | － | |
| 非言語的推理 | (△w) | | ± | | | |
| 視覚的順序づけ | (△w) | | ± | | | － |
| モデルの再構成 | × | | | ＋ | － | |
| 試行錯誤学習 | × | | | ＋ | － | |
| 視覚記憶（ディーン） | × | ＋ | | | | |
| 視覚的全体把握 | × | ＋ | | | | |
| 確信が持てない場合の反応能力 影 | × | ＋ | | | － | |

表8 WAIS-Rプロフィール分析表（続き）

|  | 言語性平均 | 動作性平均 | 知識 | 数唱 | 単語 | 算数 | 理解 | 類似 | 絵画完成 | 絵画配列 | 積木模様 | 組合せ | 符号 |
|---|---|---|---|---|---|---|---|---|---|---|---|---|---|
| 評価点 | 14.2 | 13.6 | 14 | 12 | 15 | 13 | 15 | 16 | 15 | 14 | 16 | 12 | 11 |
| SW |  |  | ± | − | ± | − | ± | + | + | ± | + | − | − |

## Ⅲ．すべての下位検査

| Ⅲ−1　数唱・算数・符号 |  | 判定 | 知識 | 数唱 | 単語 | 算数 | 理解 | 類似 | 絵画完成 | 絵画配列 | 積木模様 | 組合せ | 符号 |
|---|---|---|---|---|---|---|---|---|---|---|---|---|---|
| 系列処理（バナタイン） |  | △w |  | − |  | − |  |  |  |  |  |  | − |
| 情報の符号化 |  | △w |  | − |  |  |  |  |  |  |  |  | − |
| 数処理の熟練度 |  | △w |  | − |  | − |  |  |  |  |  |  |  |
| 継次処理 |  | △w |  | − |  | − |  |  |  |  |  |  | − |
| 不安 | 影w | △w |  | − |  | − |  |  |  |  |  |  | − |
| 被転導性 | 影w | △w |  | − |  | − |  |  |  |  |  |  | − |

| Ⅲ−2　その他 |  | 判定 | 知識 | 数唱 | 単語 | 算数 | 理解 | 類似 | 絵画完成 | 絵画配列 | 積木模様 | 組合せ | 符号 |
|---|---|---|---|---|---|---|---|---|---|---|---|---|---|
| 流動性知能（ホーン） |  | × |  | − |  |  |  | + | + | ± | + | − |  |
| 自動的処理（オズグッド） |  | × |  | − |  |  |  |  | + |  |  |  | − |
| 注意の集中（ラパポート） | 影w | × |  | − |  | − |  |  | + |  |  |  | − |
| 概念形成（ラパポート） |  | △s |  |  | ± |  |  | + |  |  | + |  |  |
| 抽象的思考（ディーン） |  | △s |  |  |  |  |  | + |  |  | + |  |  |
| 遠隔記憶（ディーン） |  | (△s) | ± |  |  |  |  |  | + |  |  |  |  |
| 社会的理解（ディーン） |  | × |  |  |  |  | ± |  |  | ± |  |  |  |
| 常識的な因果関係の把握 |  | × |  |  |  |  | ± |  |  |  |  |  |  |
| 本質と非本質の区別 |  | △s |  |  |  |  |  | + | + |  | ± |  |  |
| 推理 |  | × |  |  |  | − | ± | + |  |  | ± | − |  |
| 環境に対する敏感さ | 影 | (△s) | ± |  |  |  |  |  | + |  |  |  |  |
| 文化的機会 | 影 | × | ± |  | ± |  | ± |  |  |  | ± |  |  |
| 否定的態度 | 影w | × |  | − |  |  | ± | + | + |  |  |  |  |

解釈欄の記号の凡例

　　（　）当該解釈の提唱者　　　［　］注釈
　　影：影響因　　無印：能力
　　s：判定がsの場合のみ成り立つ解釈　　w：判定がwの場合のみ成り立つ解釈

評価点平均より3点以上高い下位検査は，S
評価点平均より3点以上低い下位検査は，W
評価点平均より1点以上3点未満高い下位検査は，＋
評価点平均より1点以上3点未満低い下位検査は，－
評価点平均との差が1点未満の下位検査は，±

　こうして得られた判定結果は，S（strengthの意），W（weaknessの意），＋，－，±の記号を用いて，各下位検査の評価点欄下の空白に記入する。また，各分析表の左側に並んでいる能力または影響因に対応した右側の下位検査欄にもこの判定結果を記号で記入する。これは，一見，煩雑そうに見えるが，最上段にある各下位検査評価点の判定欄を縦に下方向にたどり，白抜きの部分に判定欄の記号を転記すればよいので簡単である。
　第3段階は，分析表の左側に並んでいる2つ以上の下位検査によって測定される能力または影響因ごとに，それに対応する右側の下位検査の記号を検討し，記号の間に一貫性があるか否かを判定し，判定結果を該当する判定欄に◎s，◎w，○s，○w，△s，△w，(○s)，(○w)，(△s)，(△w)，×等の記号で記入する。その判定基準は，表9の通りである。
　以上の手続きによって，プロフィール分析表のすべての空欄に判定記号を記入したのが，先に示した表8である。

表9　仮説候補選択のための判定基準

| 順位 | 判定記号 | 判　定　基　準 |
|---|---|---|
| 1 | ◎s, ◎w | 複数のS（またはW）。残りがある場合は，すべてが＋（または－）か±。 |
| 2 | ○s, ○w | 単数のS（またはW）。残りがすべて＋（または－）か±。<br>＋（または－）が1つ以上含まれること。 |
| 3 | △s, △w | 複数の＋（または－）。残りがある場合は，そのすべてが±。 |
| 4 | (○s), (○w) | 単数のS（またはW）と残りがすべて±。 |
| 5 | (△s), (△w) | 単数の＋（または－）と残りがすべて±。 |
| 6 | × | Sや＋（強い方向を示す記号）とWや－（弱い方向を示す記号）が混在する場合。またはすべてが±。 |

（日本版WAIS-Rの理論と臨床，日本文化科学社より）

第4段階は，この分析表をもとに，個人の能力または影響因を裏づける仮説候補を整理する。その優先順位は，表9の順位が示すように，◎が第1候補で，以下，○，△，(○)，(△)の順である。×は複数の記号間に一貫した方向性がないか，またはすべてが±の場合である。したがって，判定欄が×の能力または影響因を除いた，残りのすべての項目が仮説候補となる。

　表8のプロフィール表から，言語性下位検査を取りあげ，仮説候補を整理すると，平均よりもやや強い傾向"(△s)"として「言語理解」「言語概念化」「言語表現」「言語概念形成」「抽象的言語概念の処理」「言語的推理」「結晶性知能」「興味」「課外読書」等が，また，平均よりもやや弱い傾向"△w,(△w)"として「聴覚記憶」「聴覚的順序づけ」「精神的敏捷性」「注意の持続」「検索」「習慣知識」「長期記憶」「学校での学習」等が見られる。同様にして，動作性下位検査およびすべての下位検査についても仮説候補を整理するが，これらの候補は，いずれも単なる仮説の候補に過ぎない。そこで，これらの仮説候補を，(1)被検者の背景情報，(2)検査中に観察された行動および各問題項目の反応内容，(3) WAIS-R以外の検査結果との照合，等の手続きを経て，仮説候補を支持する客観的な証拠が見出された場合に，はじめて，それを最終的な仮説として採用し，解釈する。このケースの場合は，言語性下位検査から得られた仮説候補の中で「検索」と「言語的推理」が取りあげられている。「検索」は，被検者の背景情報として「手がかりを与えると断片的であるが印象に残った体験を想起できる」という情報を得たので，情報は貯蔵されているが検索の過程に弱さがあると考えられたからであり，「言語的推理」は「執筆活動を依頼されたり，俳句などを作る」という情報を得たので，高次の言語的推理能力は培われているものと解釈されたからである。

　プロフィール分析は，このような手続きを経て個人内差の把握とアセスメントに役立てようとするものであるが，その詳細については，臨床例も豊富に収録されている「日本版WAIS-Rの理論と臨床」を参照されたい。


＜解説書及び参考図書＞
　　品川不二郎，小林重雄，藤田和弘，前川久男編著：日本版WAIS-R成人知能検査法，

日本文化科学社（1990）

三澤義一監修：日本版WAIS-R簡易実施法，日本文化科学社（1993）

小林重雄，藤田和弘，前川久男，大六一志，山中克夫編著：日本版WAIS-Rの理論と臨床，日本文化科学社（2000）

# 3. 日本版 WISC-Ⅲ知能検査法

| 作 成 者 | 日本版 WISC-Ⅲ刊行委員会 |
|---|---|
| 発 行 所 | 日本文化科学社 |
| 対象範囲 | 5歳～16歳11ヶ月 |
| 検査時間 | 60分～70分 |

## 1）検査の概要

　1991年，ウェクスラーは，WISC-Rを改訂しWISC-Ⅲを公刊した。これに伴って，わが国でもWISC-Rの改訂作業が進められ，日本版WISC-Ⅲ刊行委員会（東　洋，上野一彦，藤田和弘，前川久男，石隈利紀，佐野秀樹）によって，1998年,「日本版WISC-Ⅲ知能検査」として公刊された。

　日本版WISC-Ⅲ（Wechsler Intelligence Scale for Children-Third Edition）は，検査の目的や構成など，本質的にはWISC-Rと変わりはないが，検査の内容や問題，検査手続き等に新たな変更がなされている。本検査の特徴は，すでにWAIS-Rの項でも述べたように，言語性と動作性の複数の下位検査から構成されており，言語性，動作性，全検査の3つのIQが算出されること，各下位検査の得点プロフィールから知能構造の特徴がアセスメントできること，また，検査の投影法的性格を利用してパーソナリティのアセスメントにも役立つことなどが上げられるが，さらに，WISC-Ⅲでは，因子分析の結果から，言語理解，知覚統合，注意記憶，処理速度など4種類の群指数が求められるようになっている。

## 2）検査内容

　検査は，表10に示すように，言語性6検査，動作性7検査の13の下位検査か

表10　WISC-Ⅲの下位検査と実施順序

| 言語性検査 | 動作性検査 |
|---|---|
| 2　知　　識 | 1　絵画完成 |
| 4　類　　似 | 3　符　　号 |
| 6　算　　数 | 5　絵画配列 |
| 8　単　　語 | 7　積木模様 |
| 10　理　　解 | 9　組合せ |
| a12　数　唱* | a11　記号探し** |
|  | a13　迷　　路* |

番号は，実施順序
a　補助検査
*　言語性検査または動作性検査の代替検査
**　「符号」の代替検査

（日本版WAIS-Ⅲ知能検査法，日本文化科学社より）

ら構成されている。このうち，「数唱」「迷路」「記号探し」は言語性または動作性の代替検査である。各下位検査内の小問は，難易度の易しい問題から難しい問題へと並べられている。つぎに，その内容の一部を紹介しよう。

＜言語性検査＞
(1)　知識（全30問）
　　日常的な事柄や場所，歴史上の人物等，一般的な知識を問うもの。
　　問1　（親指を示し）この指は何と言いますか
　　問4　にわとりの子どもを何と言いますか
　　問8　1時間は何分ですか
(2)　類似（全18問）
　　2つの言葉を口頭で示し，どのように似ているか答えさせるもの。
　　問1　タイヤとボールでは，どんなところが似ていますか，どんなところが同じですか
　　問5　クレヨンと鉛筆では・・・・・
　　問11　グラムとメートルでは・・・・・
(3)　算数（全24問，制限時間あり）
　　算数の問題を口頭で提示し，暗算で答えさせるもの。

問6　2本のクレヨンと3本のクレヨンを合わせたら，全部で何本ですか
　　　問10　10個のあめがあって，3個食べたら，いくつ残りますか
　　　問15　3人の子どもがノートを8冊ずつ買いました。全部で何冊買いましたか
(4) 単語（全30問）
　　　単語を口頭で提示し，その意味を口頭で答えさせるもの。
　　　問1　ジュースとは何ですか
　　　問4　自転車とは何ですか
　　　問8　誕生日とは何ですか
(5) 理解（全17問）
　　　日常的な課題解決や社会的なルールなどについて質問し，それに口頭で答えさせるもの。
　　　問3　あなたが指をけがしたときは，どうしますか
　　　問6　車に乗ったらシートベルトをするのはなぜですか
　　　問11　郵便物にはなぜ切手をはらなければならないのですか
(6) 数唱（全15問，うち順唱8問，逆唱7問）
　　　検査者が決められた数字（数系列）を読んで聞かせ，それと同じ順序で（順唱），あるいは逆の順序（逆唱）で，その数字を言わせるもの。
　　　　（例）順唱　3－8－6　　3－4－1－7　　8－4－2－3－9
　　　　　　　逆唱　2－5　　　 5－7－4　　　7－2－9－6
　　　なお，この下位検査は，他の言語性下位検査ができない時の代替検査である。

## ＜動作性検査＞

(1) 絵画完成（全29問，制限時間各20秒）
　　　「男の子」「いす」「鏡」などの絵カードを示し，「この絵の中にはどこか足りないところがあります。足りないところを教えてください」と絵の中の欠けている部分を問うもの。
(2) 符号（A：59問，B：119問，制限時間あり）
　　　符号A（5～7歳を対象）
　　　図7に示すように，上段の図形の中にある符号を，下段に並んでいる図形の中に，図形と符号を対応させながら，左から右へとばさずに記入させる。90

☆ ═ △ ✚ ‖

○ ☆ □ ✚ △ ｜ ☆ ○ □ △ ✚
□ ✚ ☆ △ ✚ ○ ☆ △ □ ○

**図7　符　号 A**
(日本版 WISC-Ⅲ知能検査法，日本文化科学社より)

秒間にどれだけ正確に多く書けるかが課題。

　符号 B（8～16歳を対象）
　図8に示すように，上段に示された数字の下にある符号を，下段に並んでいる数字の下の空白に，数字と符号を対応させながら，左から右へとばさずに記入させる。90秒間にどれだけ正確に多く書けるかが課題。

| 1 | 2 | 3 | 4 | 5 | 6 | 7 | 8 | 9 |
|---|---|---|---|---|---|---|---|---|
| ⋅ | ) | + | ⊢ | ⊓ | ∨ | ( | ⋅ | ⌐ |

| 2 | 1 | 4 | 6 | 3 | 5 | 2 | 1 | 3 | 4 | 2 | 1 | 3 | 1 | 2 | 3 | 1 | 4 | 2 | 6 | 3 | 1 | 2 | 5 | 1 |

| 3 | 1 | 5 | 4 | 2 | 7 | 4 | 6 | 9 | 2 | 5 | 8 | 4 | 7 | 6 | 1 | 8 | 7 | 5 | 4 | 8 | 6 | 9 | 4 | 3 |

**図8　符　号 B**
(日本版 WISC-Ⅲ知能検査法，日本文化科学社より)

(3) 絵画配列（全14問，制限時間および早くできた場合の割増点あり）
　　短い物語を描いた絵カード（3～6枚）を決められた順序に並べて見せ，物語の意味が通るように並べかえさせるもの。
(4) 積木模様（全12問，制限時間および早く出来た場合の割増点あり）
　　赤，白，赤白に塗り分けられた面をもつ積木を決められた数だけ用いて，モデルとなる模様（実物またはカードで示す）と同じ模様を作らせるもの。

(5) 組合せ（全5問，制限時間および早くできた場合の割増点あり）

　ジグソーパズルのように切り離された断片を決められた配列で示し，それを組合わせて，具体物の形を完成させるもの。

(6) 記号探し（A：45問，B：60問，制限時間あり）

　記号探しは，図9に示すように，刺激記号とそれが含まれているかどうかを判断する記号グループからなる。記号探しA（5〜7歳が対象）は，刺激記号は1つで，記号グループは3つの記号からなり，記号探しB（8〜16歳が対象）は，刺激記号は2つで，記号グループは5つの記号からなる。

　課題は，記号探しA，Bいずれも，刺激記号が記号グループの中にあるか，ないかを判断させ，解答欄の該当箇所に○を記入させるもの。

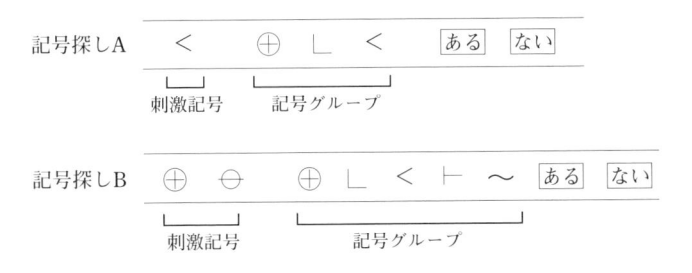

**図9　記号探し**
（日本版 WISC-Ⅲ知能検査法，日本文化科学社より）

　なお，この下位検査は「符号」ができない場合のみの代替検査であるが，群指数を得るためには，この下位検査も実施する必要がある。

(7) 迷路（全8問，制限時間あり）

　図10に示すような迷路図を示し，「さあここから（指し示す）出発して外に出る道を探しましょう」と，人が外に出る道順を迷路図の中に記入させるもの。

　なお，この下位検査は，他の動作性の下位検査ができない場合の代替検査であり，言語性の「数唱」と共に通常は実施されない。

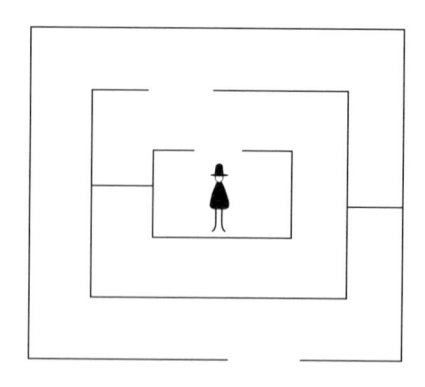

**図10　迷路**
（日本版 WISC-Ⅲ知能検査法，日本文化科学社より）

## 3）　実施方法

### （1）準備するもの

　所定の検査用具の他に，日本版WISC-Ⅲ知能検査法（以下手引書と呼ぶが，これは，1. 理論編，2. 実施・採点編，3. 尺度換算表の3分冊からなる。検査の実施に当たっては，「実施・採点編」を用意する），記録用紙，ストップウォッチ，消しゴムのついてない鉛筆2本，記録用筆記具（検査者用）など。

### （2）検査のすすめ方

　検査は，被検者とのラポール（信頼関係）作りに配慮しながら，実施手引書にしたがって正確に行う。そのためには，手引書を熟読し，実施法や採点法について充分習熟しておくことが必要である。
　検査は，原則として13の下位検査のうち，「数唱」「記号探し」「迷路」を除く10の下位検査を実施する。「数唱」と「迷路」は，それぞれ言語性，動作性の他の下位検査ができない場合の代替検査であり，「記号探し」は「符号」に代わる代替検査である。しかし，群指数（後述する）を求めるためには，「迷路」を除く12の下位検査を実施しなければならない。

検査の実施は，記録用紙に記載された順序にしたがって，言語性と動作性の下位検査を交互に行う。各下位検査のどの問題から始めていつ中止するかは，年齢によって，下位検査によって異なるが，すべて記録用紙に指示されているので，それにしたがって行えばよい。

　教示や説明は手引書にしたがって与えられるが，問題の考え方や答え方を十分理解させることが重要である。WISC-Ⅲでは，子どもに問題のやり方を理解させるために，下位検査によって，例示問題，練習問題，教習問題が用意されている。例示問題は，検査者が子どもの目の前で実際にやって見せるもので，練習問題は，説明の後で実際に子どもにやらせて練習する問題である。いずれも採点の対象とはならない。一方，教習問題は，採点の対象となる問題であるが，子どもが誤答をしたり，不十分な回答をした場合には，正答（回答の仕方）を教えることのできる問題である。ただし，採点は，子どものはじめの回答について行う。これ以外の問題については，たとえ子どもの回答が間違っていても，不十分であっても正答を与えてはならない。

　被検者が言語面に障害をもつ場合や視覚運動系に障害のある場合には，被検者の状態に合わせて，言語性または動作性のどちらか一方の検査を実施し，知能水準を予測することもできる。また時間のない場合や被検者の心身の状態によっては，いくつかの下位検査を省略して実施することもできる。しかし，これは特別な場合であって，通常はできるだけ避けることが望ましい。

　記録は，できるだけ具体的にかつ正確に記録用紙に記入する。回答によっては，さらに質問を要するものもあるが，このような場合には，自発的な回答と区別するために，こどもの回答の前に（Q）をつけておくとよい。また被検者の表情や態度，検査中の特異な行動などについての記録も忘れてはならない。

## 4）結果の整理

　表11は，WISC-Ⅲの記録用紙の一部であるプロフィールページの記入例である。これにしたがって，結果の整理の進め方を簡単に述べる。

　まず，被検者の満年齢を日数まで正確に算出する。これは，例に示すように，

検査月日から生年月日を引けばよい。ただし，くり下がる場合は1ヶ月を30日として計算する。なお，日数は切り上げしない。

[例]　　検査月日　　1998年　6月　24日
　　　　生年月日　　1988年　5月　28日
　　　　年　　齢　　　10年　0月　26日

　つぎに，各下位検査の粗点を手引書の採点基準にしたがって算出し，別冊子になっている尺度換算表の「粗点を評価点に換算する表」を用いて，これを評価点に換算する。換算表は，5歳0月0日～16歳11月30日までを4ヶ月の年齢幅で分けられているので，該当する年齢幅の表を用いれば計算する必要はない。表11の被検者の例では，年齢は10歳0月26日で，下位検査の「絵画完成」の粗点は20であるので，換算表の10歳0月0日～10歳3月30日の表を用いて，「絵画完成」の粗点20を探し，その行を横にたどれば，評価点11を読み取ることができる。このようにして，各下位検査の評価点を決定する。
　プロフィールページの評価点記入欄は，下位検査の実施順序に並んでいるが，言語性検査，動作性検査で記入欄が白抜きになっているので，そこに記入すればよい。また，言語理解，知覚統合，注意記憶，処理速度の4つの群指数欄にも必要に応じて，下位検査の評価点を記入する。記入場所は，こちらも白抜きになっているので，下位検査の評価点を転記すればよい。
　評価点がでたら，これを言語性と動作性に分けて合計し，それぞれの合計評価点を出す。また，この2つを合計して全検査評価点とする。ただし，言語性6，動作性7のすべての下位検査を実施した場合には，代替検査の「数唱」「迷路」「記号探し」を除外して（評価点記入欄ではこの部分は網掛けになっているので分かりやすい）残りの10（言語性5，動作性5）の下位検査の結果で，言語性，動作性の合計評価点を出す。また，何らかの理由で下位検査を省略した場合には，比例計算によって合計評価点を算出する。例えば，言語性，動作性とも4つの下位検査しか実施しなかった場合には，それぞれの合計評価点に4分の5を乗して，これを言語性，動作性の合計評価点とする。尺度換算表の冊子には，4検査しか実施しなかった場合の「言語性検査および動作性検査評価点合計の比例

## 表11 記録用紙のプロフィールページ記入例

氏名: 日文 花子　男・㊛　利き手: 右
学校名: 平成小学校　学年: 4年
検査理由: 学級担任からの依頼

検査者: 文京 太郎

日本版 WISC-III プロフィール

検査日: 1998年 6月 24日
生年月日: 1988年 5月 28日
年齢: 10年 0月 26日

| 下位検査 | 粗点 | 評価点(SS) | | | | | |
|---|---|---|---|---|---|---|---|
| 1 絵画完成 | 20 | 11 | | | 11 | | |
| 2 知識 | 12 | 9 | 9 | | | | |
| 3 符号 | 39 | | 10 | | | | 10 |
| 4 類似 | 15 | 12 | | 12 | | | |
| 5 絵画配列 | 24 | | 7 | | 7 | | |
| 6 算数 | 19 | 14 | | | | 14 | |
| 7 積木模様 | 46 | | 12 | | 12 | | |
| 8 単語 | 16 | 7 | | 7 | | | |
| 9 組合せ | 32 | | 13 | | 13 | | |
| 10 理解 | 12 | 8 | | 8 | | | |
| 11 (記号探し) | 25 | | (13) | | | | 13 |
| 12 (数唱) | 17 | (13) | | | | 13 | |
| 13 (迷路) | 12 | | (8) | | | | |
| 評価点合計 | | 50 | 53 | 36 | 43 | 27 | 23 |
| | | 言語性 | 動作性 | 言語理解 | 知覚統合 | 注意記憶 | 処理速度 |
| 全検査 | | 103 | | | | | |

| | 評価点合計 | IQ/群指数 | パーセンタイル | 90%信頼区間 |
|---|---|---|---|---|
| 言語性 | 50 | 100 | 50 | 94-106 |
| 動作性 | 53 | 104 | 61 | 97-111 |
| 全検査 | 103 | 102 | 55 | 96-107 |
| 言語理解 | 36 | 94 | 34 | 87-103 |
| 知覚統合 | 43 | 105 | 63 | 97-112 |
| 注意記憶 | 27 | 121 | 92 | 111-126 |
| 処理速度 | 23 | 108 | 70 | 97-116 |

下位検査評価点

言語性検査
知識 類似 算数 単語 理解 数唱
9　12　14　7　8　13

動作性検査
完成 符号 配列 積木 組合 記号 迷路
11　10　7　12　13　13　8

| | IQ | | | 群指数 | | | |
|---|---|---|---|---|---|---|---|
| | 言語性 VIQ | 動作性 PIQ | 全検査 FIQ | 言語理解 VC | 知覚統合 PO | 注意記憶 FD | 処理速度 PS |
| | 100 | 104 | 102 | 94 | 105 | 121 | 108 |

(日本版 WISC-III 知能検査法実施・採点編, 日本文化科学社より)

計算表」が用意されているので，これを利用すれば計算をする必要はない。なお，4つの群指数の合計評価点は，それぞれの列を縦に合計すればよい。

　これら言語性，動作性，全検査の3つの評価点をもとに，別冊子「尺度換算表」にある「評価点合計を IQ に換算する表」によって，これを IQ に換算し，言語性 IQ，動作性 IQ，全検査 IQ を求める。換算表では，それぞれの評価点を横にたどれば簡単に IQ が求められる。同様に，パーセンタイル順位や信頼区間も求められる。IQ は言語性で 43～157，動作性で 40～160，全検査で 40～160 まで求められる。また，必要に応じて4つの群指数を算出する。それぞれの「評価点合計を群指数に換算する表」を用いて，評価点合計を群指数に換算する。その手続きは，評価点合計を IQ に換算する場合と同様である。

　最後に，テスト年齢を算出する。テスト年齢は，従来の精神年齢に代わるものであるが，これは，ウェクスラーも指摘しているように，累積的指標からの間接的な推理によるものではなく，子どもの下位検査得点の組織的な分析によって決定されている。テスト年齢は，これも別冊子「尺度換算表」にある「粗点をテスト年齢に換算する表」を用いれば簡単に求めることができる。なお，テスト年齢は，下位検査ごとに換算されるので，テスト年齢平均は，テスト年齢合計を実施した下位検査の数で割って求める。ただし，「記号探し」「数唱」「迷路」の代替検査は，テスト年齢平均の算出には使用しない。なお，テスト年齢は5歳2ヶ月から16歳10ヶ月まで求められる。

　これらの作業が終了すると，記録用紙のプロフィールページに下位検査の評価点や IQ，群指数等をプロットし，プロフィールを描く。

## 5）結果の読み方

　結果は，知能指数（偏差 IQ），知能段階，群指数，テスト年齢，下位検査のプロフィールなどで表示される。偏差 IQ の算出法や知能段階の区分は，WAIS-R の項で示したものと同じである。

　まず，知能水準を概観する。これには知能指数および知能段階が参考になる。言語性，動作性，全検査の IQ 分布は，いずれも 100 を平均とし，標準偏差は 15

となっており，大部分の被検者はIQが55～145の間に分布する。知能指数（IQ）は数値によって表示されるのでわかりやすいが，IQには，常に±5の測定誤差があるので，むしろ知能段階で知能水準を概観するのがよい。

つぎに，知能構造の特徴を検討する。そのためには，言語性と動作性のIQの差，下位検査のバラツキ，群指数の特徴，テスト年齢などに注目する。

言語性IQと動作性IQの差は，どちらの知的機能がすぐれているかを理解する指標となる。言語性IQ＞動作性IQであれば，言語性の能力が優れ，言語性IQ＜動作性IQであれば，動作性の能力が優れていることを示す。しかし，言語性IQと動作性IQの差が有意であるためには，15％水準で，およそ9点以上，5％水準でおよそ13点以上の差が必要である。

下位検査の評価点は，いずれも平均が10点で，標準偏差は3である。各下位検査が有意な差を示すためには，他の下位検査との間に評価点で3～4点以上の差が必要である（15％水準）。このような下位検査のバラツキに注目することによって，それぞれの知的機能の優劣を読み取ることができる。

また，群指数はWISC-Ⅲで初めて導入された全く新しい指標であるが，これは，下位検査の因子分析の結果から抽出されたもので，「言語理解」「知覚統合」「注意記憶」「処理速度」の4群に分けられる。これらの群指数は，IQと同様に，平均が100で標準偏差は15である。プロフィールの凹凸から，これらの知的機能の優劣を読み取ることができる。

一方，テスト年齢は，従来の精神年齢に対する理論的なあいまいさへの反省から，WISC-Rで新たに導入されたものであるが，WISC-Ⅲにも受け継がれている。「粗点をテスト年齢に換算する表」を用いると，各下位検査の粗点をもとに，それぞれの下位検査の測定しようとしている知的機能が，年齢相応に発達しているか否かを検討することができる。例えば，8歳の子どもの「知識」での粗点（評価点ではない）が9点であれば，テスト年齢は8歳2ヶ月となり，その知的機能は年齢相応よりもややすぐれていることがわかる。

以上のような検査得点のバラツキの検討に加えて，検査内容や行動特徴に注目する点は，すでに田中ビネー知能検査Ⅴ（p.37）や日本版WAIS-R知能検査法（p.47）の項で述べた通りである。こうして得られた資料をもとに，知能水準や知能構造の特徴を総合的に解釈する。

WISC-Ⅲは，一般に，学習不振児や知能発達遅滞児などのアセスメントに用いられるが，これらのアセスメントにあたっては，単にIQの数値のみで判断せず，検査時の状態や検査態度，さらには家庭環境や生育歴などを考慮して慎重に行うことが重要である。

＜解説書および参考図書＞

　　日本版WISC-Ⅲ刊行委員会訳編著：日本版WISC-Ⅲ知能検査法，日本文化科学社（1998）

# 4. WPPSI 知能診断検査

| 作 成 者 | 日本心理適性研究所 |
|---|---|
| 発 行 所 | 日本文化科学社 |
| 対象範囲 | 3歳10月～7歳1月 |
| 検査時間 | 50分～75分 |

## 1）検査の概要

　本検査は，幼児の知能を診断的に測定することを目的としている。ウェクスラー（Wechsler, D.）は，1939年に成人用知能検査としてウェクスラー・ベルビュー・テストを発表して以来，精力的に知能検査の開発に努力し，1953年には，児童用知能検査WISCを，1955年には成人用知能検査WAISを発表した。その後，就学前の幼児用を対象とした知能検査への時代の要請に応えて，1967年にWPPSI（Wechsler Preschool and Primary Scale of Intelligence）を発表した。ウェクスラーは，はじめWISCの適用年齢を引き下げることによって，これをカバーしようとしたが，途中でこれを断念し，新たに幼児向きの問題を用意することによって，独立した別個の知能検査として完成したのが，このWPPSIである。

　日本版WPPSIは，これを原本として，日本心理適性研究所の三木安正らによって，標準化され，1969年に公刊された。

　本検査の特徴は，検査の構成，結果の表示法，解釈原理など，基本的にはすでに述べたWAIS-RやWISC-Ⅲと同様であり，知能の水準とともに下位検査得点のプロフィールから知能構造の特徴がアセスメントできるようになっている。また，WISC-Ⅲと同様にテスト年齢も算出できる。

## 2）検査内容

検査は，言語性6，動作性5の合計11種類の下位検査で構成されている。このうち，文章問題は他の言語性検査ができない場合の代替検査である。つぎに内容の一部を紹介する。

### 言語性検査

(1) 知識（全23問）
　　問1　あなたのお鼻はどこにありますか，さわってください
　　問5　水の中にはどんなものがいますか
　　問8　草はどんな色をしていますか

(2) 単語（全22問）
　　「○○って何ですか」とか「○○はどういう意味（わけ）ですか」と単語の意味を問う問題。
　　問1　帽子
　　問5　自転車
　　問12　手紙

(3) 算数（全20問，一部制限時間あり）
　　問1　カードを見せながら「ここにボールが並んでいますね。この中で一番大きいのはどれですか」と質問する。
　　問5　子どもの前に2個の積木を置き，「積木がここにいくつありますか」と質問する。
　　問9　「1つのりんごを半分に切ったらいくつになりますか」と質問する（制限時間30秒）。なお，問9～問20まで制限時間（30秒）がある。

(4) 類似（全16問）
　　2つのものの類似点，共通点を問う問題。しかし，はじめの数問は指示された事物と類似の具体物をあげさせる。
　　問1　あなたはバスに乗りますね，ほかにどういう乗物がありますか
　　問8　牛乳と水は両方とも何に使いますか

問 12　バナナとりんごはどういうふうに似ていますか
(5) 理解（全15問）
　　問 1　指をけがしたとき，どうしたらよいですか
　　問 6　顔や手を洗わなければいけないのはどうしてですか
　　問 11　おうち（家）に窓があるのはどうしてですか
(6) 文章（全13問）
　　検査者が読んだ文章を，言葉でその通りに繰り返させる問題。
　　問 A　（男児の場合）　ぼくの　うち
　　　　　（女児の場合）　わたしの　うち
　　問 1　花子は　赤い服を　もっています
　　問 5　夏になると　山に行くのが　とてもうれしい

**動作性検査**
(1) 動物の家（制限時間5分）
　　はめ込み板の上部に，4種類の動物の絵があり，その下の穴に4種類の"色こま"がはめ込まれている。この見本にしたがって，左から右へ順番にできるだけ速く，動物の絵の下に該当する"色こま"をはめ込ませる問題。
(2) 絵画完成（全23問）
　　絵の中の欠けている部分を発見させる問題。特に時間制限はないが，15秒過ぎても答える様子のないときには，つぎの問題に進む。
(3) 迷路（全10問，制限時間あり）
　　問1～問3は，図11に示すような水平迷路で，問4～問10はWISC-Ⅲと同様の箱迷路（p.60参照）である。水平迷路では，左側の"ひよこ"が右側の親どりのところにたどりつく道順を書かせる。箱迷路は，WISC-Ⅲと同様に，中心の人物が出口にたどりつく道順を書かせる。制限時間は問題により異なる。
(4) 幾何図形（全10問）
　　円や逆T字，正方形など簡単な幾何図形を示し，これを模写させる問題。特に制限時間はないが，約30秒過ぎてもできない場合は中止して，つぎに進む。
(5) 積木模様（全10問，制限時間あり）
　　赤と白と塗り分けられた積木（平板）を使って，図12に示すような見本に

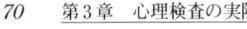

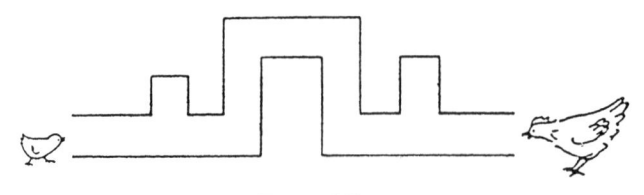

**図11　迷路**
（日本版 WPPSI 知能診断検査，日本文化科学社より）

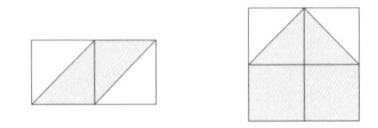

**図12　積木模様**
（日本版 WPPSI 知能診断検査，日本文化科学社より）

示された模様を作るもの。問1～問7は実際に積木で作った模様を示し，問8～問10はカードに描かれた模様を示す。

## 3）実施方法

### (1) 準備するもの

所定の検査用具，実施手引書（日本版 WPPSI 知能診断検査），記録用紙，赤鉛筆2本，ストップウォッチ。

### (2) 検査のすすめ方

検査は，実施手引書にしたがって正確に行う。このためには，手引書を熟読し，実施法に習熟しておく必要がある。

検査の開始にあたっては，子どもが落ち着いて最善を尽くせるように十分なラポートと検査への動機づけをしておくことが大切である。特に幼児の場合は，検査への関心が乏しかったり，注意や集中力が散漫になったり，周囲の影響を

受けやすかったりするので，検査中もまた絶えずこのことに配慮する必要がある。

　検査は，記録用紙に記載されている順序で，言語性と動作性の検査を交互に行う。これは，子どもの検査への関心や興味が低下しないように工夫されたもので，原則として，この順序で行うのが望ましい。しかし，場合によっては，順序を変更しなければならないこともある。

　実施する下位検査は，言語性5種類，動作性5種類の合計10種類で，文章問題は，他の言語性検査ができないときの代替検査である。通常，これらの10種類の検査を一度に実施するが，子どもに疲労のみられるようなときには，2回に分けて実施してもよい。また，言語性に障害があるとか，感覚―運動系の障害とかで，検査ができない場合には，下位検査の一部を省略したり，状況によっては，言語性または動作性のみを実施して終わることもできる。しかし，検査時間を節約しようとして検査を省略してはならない。

　下位検査の「動物の家」は，子どもによっては再検査の望ましい場合がある。その場合は，所定の検査を全部終了した後で行う。この検査は，学習能力を測定するものと考えられており，学習能力の質的な面とか，学習の速度について，さらに知りたいときなどに実施する。

　検査中の被検者の行動や態度，検査に対する応答は，できるだけ具体的に，また正確に記録する。


## 4）結果の整理

　まず，被検者の正確な満年齢を算出する。その方法はWISC-Ⅲの項を参照されたい。つぎに，手引書の採点基準にしたがって採点し，各下位検査の粗点を出す。ただし，「動物の家」の粗点は，巻末の粗点換算表を用いて求める。各下位検査の粗点が出たら，これを「粗点を評価点に換算する表」によって評価点に換算する。この評価点を合計し，言語性と動作性の合計評価点を出す。また，言語性と動作性の評価点を合計して全検査評価点を出す。なお，やむなく下位検査の一部を省略した場合には，言語性，動作性別に比例計算によって，それぞれの合計評価点を修正する。

これらの3つの評価点を「評価点をIQに換算する表」によって，IQに換算し，言語性IQ，動作性IQ，全体性IQを求める。このIQを参考にして知能段階を決定する。また必要に応じてテスト年齢を求めることもできる。この場合は，「テスト年齢換算表」を用いて換算する。各下位検査の粗点から，それぞれの課題におけるテスト年齢が求められるようになっている。

　最後に，被検者の応答や態度の記録から，特徴的な態度や行動，反応内容などをまとめる。

## 5) 結果の読み方

　結果は，知能指数（偏差IQ），知能段階，下位検査のプロフィール，テスト年齢などで表示される（偏差IQの算出法，知能段階の区分等はWAIS-Rの項を参照）。

　結果の読み方は，WAIS-R，WISC-Ⅲの場合と同様である。まず，知能指数および知能段階から知能水準を概観する。言語性IQ，動作性IQおよび全体性IQの分布は，いずれも平均が100で標準偏差は15である。大部分の被検者は，IQが45～155の間に分布する。

　つぎに言語性IQと動作性IQの差，下位検査得点のバラツキ，テスト年齢などから知能構造の特徴をアセスメントする。言語性IQと動作性IQとの差は，通常7点ぐらいまでは正常範囲とされ，それ以上大きくなると問題指標となる。一方，下位検査の評価点は，平均が10点で，各下位検査間の評価点に4点以上の差があるときは，それぞれの下位検査が測定する知的機能に有意な差があると考えてよい。また，テスト年齢は，各下位検査における知的機能の発達年齢を示すもので，どの下位検査にすぐれ，どの下位検査に劣っているかに注目する。しかし，幼児の知能検査においては，検査状況や検査時の状態，さらには動機づけや集中力，持続性，興味などの性格要因が，特に検査結果に影響を与えやすいので，この点への配慮を忘れてはならない。

　最後に，検査への反応態度や反応内容に注目して，人格特徴についても検討する。この点に関しては，田中ビネー知能検査Ⅴ，WAIS-R知能検査の項を参照されたい。

＜解説書および参考図書＞

日本心理適性研究所：WPPSI知能診断検査，日本文化科学社（1978）

# 5. 新版S-M社会生活能力検査

| 作成者 | 三木安正監修 |
|---|---|
| 発行所 | 日本文化科学社 |
| 対象範囲 | 1歳～13歳 |
| 検査時間 | 約30分 |

## 1）検査の概要

　本検査は，子どもの社会生活能力の発達を測定しようとするもので，その始まりは，1954年に文部省（当時の名称）が実施した小・中学生を対象とした精神発達遅滞児の実態調査にさかのぼる。この調査を行うにあたり，アメリカのヴァインランド・トレーニング・スクールの教育研究所長であったドル（Doll, E.A.）によって，1935年に，日常生活での生活処理能力を測定する尺度として考案された"Vineland Social Maturity Scale"を骨子とした検査を取り入れ実施し，その調査データをもとに，1959年に，「S-M社会生活能力検査」が東京心理株式会社によって公刊された。その後，20数年を経て，検査項目の内容が現状にそぐわなくなったこと，この検査では6歳以上の子どもにしか適用できないこと，また社会生活能力は精神発達遅滞の診断に不可欠の要素であることなどから，新たな検査の必要に迫られ，上述の"Vineland Social Maturity Scale"と「S-M社会生活能力検査」をもとに，三木安正らによって作成されたのが「新版S-M社会生活能力検査」で，1980年に公刊された。

　本検査の特徴は，①子どもの日常の生活場面における行動を検査の対象にしていること，②このために，子ども自身が検査を受けるのではなく，子どもをよく知っている保護者への質問紙によって検査が行われること，③したがって，こどもの状態によって検査結果が影響されることがなく，普段の能力が測定できること，④質問紙の検査項目は発達年齢段階にそって並べられているので，

全項目を実施する必要がなく，検査に時間がかからないこと，⑤結果は社会生活年齢（SA）と社会生活指数（SQ）で表示されること，⑥また，社会生活能力は，身辺自立，移動，作業，意志交換，集団参加，自己統制の6領域で構成されており，それぞれのSAを出すことができ，これらのSAのプロフィールから社会生活能力面における子どもの特徴をとらえることができることなどである。

## 2）検査内容

本検査は，1歳から13歳までの子どもの社会生活能力を測定するために，日常生活場面で容易に観察でき，しかもそれぞれの発達段階に応じた社会生活能力を代表する130の行動項目によって構成されている。これら130の項目は，大体の発達順序に沿って配列されており，また，検査の開始場所を決めるおよその目安として，以下のように7つの発達段階指標に区切られている。

Ⅰ　6ヶ月～1歳11ヶ月
Ⅱ　2歳0ヶ月～3歳5ヶ月
Ⅲ　3歳6ヶ月～4歳11ヶ月
Ⅳ　5歳0ヶ月～6歳5ヶ月
Ⅴ　6歳6ヶ月～8歳5ヶ月
Ⅵ　8歳6ヶ月～10歳5ヶ月
Ⅶ　10歳6ヶ月以上

一方，本検査で測定できる社会生活能力は，ドルの"Vineland Social Maturity Scale"に準じて，以下の6領域である。なお，各項目には，それがどの領域の能力を測定しているかを示すために，各項目には，「SH」とか「L」といった記号が付されている（検査用紙参照）。

1　身辺自立（SH＝Self-Help）：衣服の着脱，食事，排泄などの身辺自立に関する生活能力。
2　移動（L＝Locomotion）：自分の行きたい所へ移動するための行動能力。

3 作業（O＝Occupation）：道具の扱いなどの作業遂行に関する生活能力。
4 意志交換（C＝Communication）：言葉や文字などによるコミュニケーション能力。
5 集団参加（S＝Socialization）：社会生活への参加の様子を示す行動能力。
6 自己統制（SD＝Self-Direction）：わがままを抑え，自己の行動に責任を持って目的に方向づける能力。

なお，これらの6領域は必ずしも独立しているものではなく，相互に重なり合う部分もある。また，身辺自立のように乳幼児期に著しく発達する領域や自己統制のように高学年になってもさらに高度な発達の要求される領域もある。

つぎに，検査項目の一部を紹介する。

＜Ⅰ（6ヶ月～1歳11ヶ月）＞
 2 哺乳びんを持って飲む。……………………………………………SH
 8 一語文を話す。………………………………………………………C
 14 手すりにつかまって，ひとりで階段をのぼることができる。………L
＜Ⅱ（2歳0ヶ月～3歳5ヶ月）＞
 25 牛乳やジュースをコップに注ぐことができる。………………………O
 29 ひとりで運動靴がはける。……………………………………………SH
 36 自分の姓と名をいえる。………………………………………………C
＜Ⅲ（3歳6ヶ月～4歳11ヶ月）＞
 41 欲しいものがあっても説得されればがまんする。……………………SD
 50 手本を見て，円，三角，四角などが書ける。…………………………O
 53 じゃんけんの勝負がわかる。…………………………………………S
＜Ⅳ（5歳0ヶ月～6歳5ヶ月）＞
 61 靴をはくとき左右をまちがえない。……………………………………SH
 66 ドッジボール，陣取りなど簡単なルールの集団遊びに参加できる。……S
 73 学校へひとりで行ける。………………………………………………L
＜Ⅴ（6歳6ヶ月～8歳5ヶ月）＞
 82 必要に応じて自分で電話がかけられる。………………………………C
 92 かなづちやドライバーなどが使える。…………………………………O

＜Ⅵ（8歳6ヶ月～10歳5ヶ月）＞
　99　年下の子もの世話や子守りなどを安心してまかせられる。……………S
　108　かなり遠い所でも自転車で行って帰ってこられる。………………………L
＜Ⅶ（10歳6ヶ月以上）＞
　124　いわなくても自分で計画をたてて勉強をする。……………………SD
　128　敬語を正しく使い分けられる。……………………………………………C


## 3）実施方法

### （1）準備するもの

検査手引書（新版S-M社会生活能力検査）および検査用紙，筆記用具など。

### （2）検査のすすめ方

　本検査は，1歳から13歳までの子どもの社会生活能力を測定することを目的としているが，対象となる子どもが直接検査を受けるのではなく，子どもをよく知っている保護者や担任教師が子どもの行動特徴を振り返りながら検査用紙に記入していくものである。このために，社会生活能力の遅滞している者については，年齢が13歳以上でも適用できる。
　また，検査用紙への記入は，保護者や教師が直接記入する場合もあるが，検査者（面接者）が保護者や教師に質問しながら記入していくこともできる。
　検査のすすめ方は，すでに述べた発達段階指標に応じて，該当する年齢段階から始める。例えば，5歳3ヶ月の子どもであれば，Ⅳ段階から始める。その年齢段階の最初の項目から連続10項目に○がついた場合（下限）には，前の年齢段階の項目はすべてできるものとみなし，そのまま先へ進み，連続10項目に×がついたら（上限），その後の項目はすべてできないものとみなし，そこで検査を終了する。
　もし，連続して10項目に○がつかないうちに×がついたら，そこで中断し，前の年齢段階の最後に戻り，連続10項目に○がつくまで逆に検査を進める。そして，連続10項目に○がつけば，それより前の項目はすべてできるものとみな

し，先に中断した項目に戻り，検査を続け，連続10項目に×がついたところで検査を終了する。

　ところで，何を○にし，何を×にするかの判断の基準については，項目に記載されている事柄が日常生活の中でほとんどできている場合や機会があればできると思われる場合，今は行わないが小さい頃にはできていたという場合は○とし，まだできないとか，たまにできてもあまりよくできない場合，他の行動から推測して，機会があってもできないと思われる場合は×とする。

　本検査は他者による評価であるために，評価者の意識的，無意識的な主観が入りやすいので，この点への配慮が必要である。

## 4）結果の整理

　まず，生活年齢（CA）を算出する。生活年齢は，検査年月日から生年月日を減算することで求められる。なお，1ヶ月は30日とし，年齢の日数は15日までは切り捨て，16日以上は切り上げる。

　つぎに，社会生活年齢（SA）を算出する。そのためには，まず，検査用紙の評価欄を領域別（各検査項目には領域を示す記号が付されている）に見ながら，○のついた項目数を発達年齢段階ごとに集計する。下限より前の項目はすべて○，上限より後の項目はすべて×にして数える。全段階の集計が終わったら，これを検査用紙の記録欄に発達段階別，領域別に転記する（表12）。

　これをもとに，領域ごとに縦に加算して各領域の粗点合計を計算し，また，各粗点合計を横に加算して全検査粗点合計を計算する。こうして得られた領域別粗点合計を手引書の巻末にある「領域別粗点の領域別SAへの換算表」によって，領域別SAを求める。同様に，全検査粗点合計を「全検査粗点の全検査SAへの換算表」によって，全検査SAを求める。

　社会生活年齢（SA）を求めたら，これをもとに社会生活指数（SQ）を算出する。その方法は，全検査社会生活年齢（SA）を生活年齢（CA）で割り，100を乗じて求める。

　表12の事例では，生活年齢5歳9ヶ月，社会生活年齢5歳7ヶ月であるから，

## 表12 検査用紙記録欄の一部

【採点例】5才9ヵ月，男子

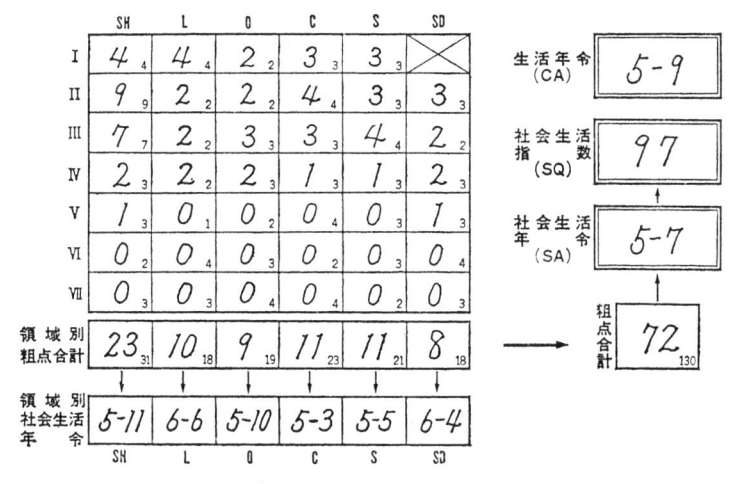

| | SH | L | O | C | S | SD | |
|---|---|---|---|---|---|---|---|
| I | 4₄ | 4₄ | 2₂ | 3₃ | 3₃ | ✕ | 生活年齢 (CA) 　5-9 |
| II | 9₉ | 2₂ | 2₂ | 4₄ | 3₃ | 3₃ | |
| III | 7₇ | 2₂ | 3₃ | 3₃ | 4₄ | 2₂ | 社会生活指数 (SQ) 　97 |
| IV | 2₃ | 2₂ | 2₃ | 1₁ | 1₃ | 2₃ | |
| V | 1₃ | 0₁ | 0₂ | 0₄ | 0₃ | 1₃ | 社会生活年齢 (SA) 　5-7 |
| VI | 0₂ | 0₄ | 0₂ | 0₂ | 0₃ | 0₄ | |
| VII | 0₃ | 0₃ | 0₃ | 0₄ | 0₂ | 0₃ | |
| 領域別粗点合計 | 23₃₁ | 10₁₈ | 9₁₉ | 11₂₃ | 11₂₁ | 8₁₈ | → 粗点合計 72₁₃₀ |
| 領域別社会生活年齢 | 5-11 | 6-6 | 5-10 | 5-3 | 5-5 | 6-4 | |
| | SH | L | O | C | S | SD | |

（新版S-M社会生活能力検査，日本文化科学社より）

$$社会生活指数(SQ) = \frac{社会生活年齢(SA)}{生活年齢(CA)} \times 100$$

社会生活指数（SQ）は，5歳7ヶ月（67ヶ月）÷5歳9ヶ月（69ヶ月）×100＝97となる。ここでも手引書の巻末にある「社会生活指数（SQ）算出表」を用いれば，このような計算をしなくても簡単にSQが求められるようになっている。

なお，本検査の適用範囲は1歳～13歳であるが，知的発達の遅れのために13歳を超えても本検査の実施の必要な場合がある。このような場合でも，生活年齢が13歳0ヶ月を超えた場合は，すべて13歳0ヶ月としてSQを算出する。

最後に，領域別社会生活年齢（SA）のプロフィールを描く。領域別社会生活年齢（SA）のプロフィール欄には，それぞれの社会生活年齢が刻まれているので，該当する位置にプロットし，それらを線で結ぶと，領域別社会生活年齢（SA）のプロフィールを描くことができる。

## 5）結果の読み方

　まず社会生活指数（SQ）に注目する。SQ が 100 前後であれば，年齢相応の社会生活能力を持つと考えられ，それ以上であれば，優れた社会生活能力が，またそれ以下であれば，社会生活能力の遅れが予想される。ただ，社会生活指数（SQ）は知能指数（IQ）とは必ずしも符合しない。それは，知能検査がどちらかといえば生得的な素質に規定される知的能力を測定しているのに対して，社会生活能力検査は後天的な学習体験的条件の中で得られる能力を測定しているからである。したがって，社会生活指数（SQ）は，子どもが現在身につけている日常生活場面の処理能力を示すものである。この点への配慮を忘れてはならない。

　つぎに，領域別社会生活年齢（SA）に注目する。すでに述べたように，本検査では，日常生活場面の処理能力を6つの領域，すなわち，①身辺自立，②移動，③作業，④意志交換，⑤集団参加，⑥自己統制に分けて測定できるようになっている。それぞれの領域のSAが，生活年齢（CA）に比較して，優れているか，劣っているかを検討することによって，子どもの領域別社会生活能力の特徴を読み取ることができる。

　さらに，各検査項目の内容にも注目する。同じ領域の検査項目であっても，できるもの（〇）とできないもの（×）がある。どの項目ができて，どの項目ができないかを検討することによって，さらに具体的な特徴を読み取ることができる。

　以上のような点を考慮しながら結果は解釈されるが，手引書にも述べられているように，「本検査の主要なねらいは，子どもの社会生活能力の発達度をまず総体的に簡便にとらえることである。したがって，6領域別のSA尺度は非常におおざっぱなものである。」ということである。この点も忘れてはならない。

＜解説書及び参考図書＞
　三木安正監修：新版S-M社会生活能力検査，日本文化科学社（1980）

# 6. YG性格検査（矢田部ギルフォード性格検査）

| 作 成 者 | 矢田部達郎，他 |
|---|---|
| 発 行 所 | 竹井機器工業（株） |
| 対象範囲 | 学童用：小2～小6 |
|  | 中学用：中1～中3 |
|  | 高校用：高1～高3 |
|  | 一般用：大学～成人 |
| 検査時間 | 30分～40分 |

## 1）検査の概要

　本検査は，個人の性格特性を多元的に測定することによって，人格のアセスメントに役立てることを目的としている。従来，人格の研究には類型論と特性論の2つの立場があり，主として前者はヨーロッパで，後者はアメリカで発展してきた。その特性論の第1人者ともいうべきギルフォード（Guilford, J. P.）は，因子分析法を駆使して特性研究を続ける中で，協力者のマーチン（Martin, H. G.）とともに1940年～1943年にかけて3つの性格検査，すなわち，ギルフォード人格目録，ギルフォード・マーチン人格目録，ギルフォード・マーチン人格調査目録を完成した。これらによって，合計13の性格特性が測定できるようになった。本検査は，これらをモデルにしているために，ギルフォードの名前がつけられているが，必ずしもその翻訳版ではなく，検査の構成も質問内容も独自のものとして，辻岡美延，矢田部達郎，園原太郎らによって1950年代後半に標準化され，1960年に公刊されたものである。なお本検査には，上記3氏による一般用，高校生用，中学生用に加えて，辻岡美延，安藤照子，園原太郎らによる学童用の4種類がある。

　本検査の特徴は，まず第1に，検査の作成にあたって，内的整合性に重きを置いていること，すなわち，項目相互間に高い相関をもち，かつそれらの項目か

ら得られた尺度得点とも高い相関をもつような質問項目を選定することによって，各尺度が構成されていることである。第2は，検査の実施時間が短く，また実施法や結果の整理法が簡便であること。このために少し勉強すれば，誰にでも比較的簡単にできる。第3は，結果がプロフィールによって描かれ，全体的な性格特性が情緒面，適応面，向性面にわたって具体的に読み取れると同時に，典型的な5つのタイプとそれからのズレの程度が客観的に判定できるようになっていることである。このような試みは，他の性格検査にはなく，今日，我が国で最も広く利用されている質問紙法の性格検査の1つである。

## 2) 検査内容

検査は，12の性格特性を測定する尺度とそれぞれの尺度にたいして各10問（学童用では8問），合計120問（学童用では96問）の質問項目からなっている。測定される性格特性は次の通りである。なお，各尺度は，一般に各性格特性を表す用語の頭文字で略称される。

- D  抑うつ性（Depression）
  たびたび憂うつになるなどの陰気で悲観的な気分，罪悪感の強い性質。
- C  回帰性傾向（Cyclic tendency）
  気分が変わりやすい，感情的であるなどの情緒不安定な性質。
- I  劣等感（Inferiority feelings）
  自信がない，劣等感が強い，など自己を過小評価し，不適応感をもちやすい性質。
- N  神経質（Nervousness）
  神経質，心配性，いらいらするなどの性質。
- O  客観性欠如（lack of Objectivity）
  ありそうもないことを空想する，ねつかれないなど空想性と過敏性の性質。
- Co 協調性欠如（lack of Cooperativeness）
  不満が多い，人を信用しないなどの不満性と不信性の性質。

Ag 愛想の悪さ（lack of Agreeableness）
　気が短い，人の意見を聞きたがらないなどの不機嫌，攻撃的な性質。
G 一般的活動性（General activity）
　仕事が速い，動作がきびきびしているなどの活発な性質。
R のんきさ（Rhathymia）
　人と一緒にはしゃぐ，いつも何か刺激を求めるなど気軽な，のんきな，衝動的な性質。
T 思考的外向（Thinking extroversion）
　物事を深く考えない，くよくよと考えないなど，楽観的，非反省的な性質。その逆が思考的内向の性質。
A 支配性（Ascendance）
　会やグループのために働く，引き込み事案でないなど，社会的主導性の性質。その逆が服従性の性質。
S 社会的外向性（Social extroversion）
　誰とでもよく話す，人と広く付き合うのが好きであるなど，社会的接触を好む性質。その逆が社会的内向性の性質。

被検者は，これらの性格特性を測定するために用意された質問，例えば，
　1　いろいろな人と知り合いになるのが楽しみである
　2　人中では，いつも後ろの方に引込んでいる
　3　むずかしい問題を考えるのが好きである
　4　…………
などの質問に対して，「はい」「いいえ」「どちらでもない」の三件法で回答する。答は，所定の場所に決められた方法で記入する。


## 3）実施方法

### （1）準備するもの
所定の検査用紙，鉛筆数本またはボールペン，シャープペン。解答欄は，カ

ーボン複写になっているために万年筆は使用できない。

## (2) 検査のすすめ方

　本検査は，集団でも，個別でも実施できるが，臨床場面では，個別的に行うのが一般的である。ここでは，そうした臨床場面での検査を念頭において，そのすすめ方をまとめておこう。

　まず，検査目的を伝えてから，検査用紙裏面の所定の記入欄に，氏名，生年月日，性別（○で囲む），検査月日等を記入させる。続いて，表紙の「作者のことば」を読みながら，答の"考え方"，"記入の仕方"を説明する。この時，特に注意したい点は，病者を対象とする場合には，病前の状態と現在の状態とがかなり異なる場合の多いことである。このために被検者は，どちらの自分を基準にして判断すべきか迷ったり，ある項目には病前の自分を，また他の項目には現在の自分を基準にして回答する場合もある。したがって，ただ単に「日頃の自分を考えて，ありのままに答えてください」というよりは，検査目的にしたがって，例えば，「元気な時の自分を振り返って」とか「最近の自分を考えながら」といった判断の基準をあらかじめ設定しておくほうがよい場合もある。

回答欄

| 注意 | はい | ？ | いいえ | | はい | ？ | いいえ |
|---|---|---|---|---|---|---|---|
| 強くボールペン又は鉛筆で書いて下さい | | | | | | | |
| 1 | ○ | △ | ○ | 13 | ○ | △ | ○ |
| 2 | ○ | △ | ○ | 14 | ○ | △ | ○ |
| 3 | ○ | △ | ○ | 15 | ○ | △ | ○ |
| 4 | ○ | △ | ○ | 16 | ○ | △ | ○ |
| 5 | ○ | △ | ○ | 17 | ○ | △ | ○ |
| 6 | ○ | △ | ○ | 18 | ○ | △ | ○ |
| 7 | ○ | △ | ○ | 19 | ○ | △ | ○ |
| 8 | ○ | △ | ○ | 20 | ○ | △ | ○ |
| 9 | ○ | △ | ○ | 21 | ○ | △ | ○ |
| 10 | ○ | △ | ○ | 22 | ○ | △ | ○ |
| 11 | ○ | △ | ○ | 23 | ○ | △ | ○ |
| 12 | ○ | △ | ○ | 24 | ○ | △ | ○ |

図13　YG検査用紙の解答欄の一部
（竹井機器工業KKより）

回答の仕方の説明が終わったら，表紙に印刷された練習問題で実際に回答の記入を練習させる。検査者の読み上げる質問項目が，自分に当てはまれば「はい」の欄に○印を，当てはまらなければ「いいえ」の欄に○印，「どちらでもない」または「わからない」の時は「？」の欄に△印を記入させる。また，はじめの答を訂正する場合は，後でつける印の中を塗りつぶさせる。解答欄には，それぞれの位置に白ぬきの○と△がすでに印刷されているので，その上をなぞればよい。

　検査要領が充分理解できたら，本検査の第1問から始める。質問項目は検査者が読み上げる。それは，自己のイメージに対する直感を大事にし，長く考えることによって起こる種々の防衛を排除するためである。通常，1項目を読み上げる時間は約3秒，回答させる時間は約2～4秒位であるが，臨床場面では，高齢者の場合や患者の状態によっては，これよりもかなりゆっくりと読む必要のある場合も多い。

　検査中に，言葉の意味や考え方について質問される場合もあるが，このような質問に対しては「あなたの考えで判断してください」と伝え，説明はしない。検査は開始したら途中で休まずに最後までやる。

## 4）結果の整理

　結果の整理は，極めて機械的にできるようになっているので，誰にでも簡単にできる。

　まず，袋とじになっている解答欄を開くと，12の性格尺度の欄にカーボン複写によって複写された回答の○や△が現れるので，○印を2点，△印を1点として尺度ごとに横に合計し12尺度の粗点を算出する。この場合，訂正によって中を塗りつぶされた●印や▲印は採点しない。

　粗点が出たら，これをプロフィール欄に転記する。プロフィール欄には，粗点の数字が統計的に決められた位置に上下2列（上段は男性用，下段は女性用）に印刷されているので，性別を確認し，該当する数字を○でかこめばよい。こうしてプロットされた各尺度の粗点の位置を線でつなぐとプロフィールが描ける。

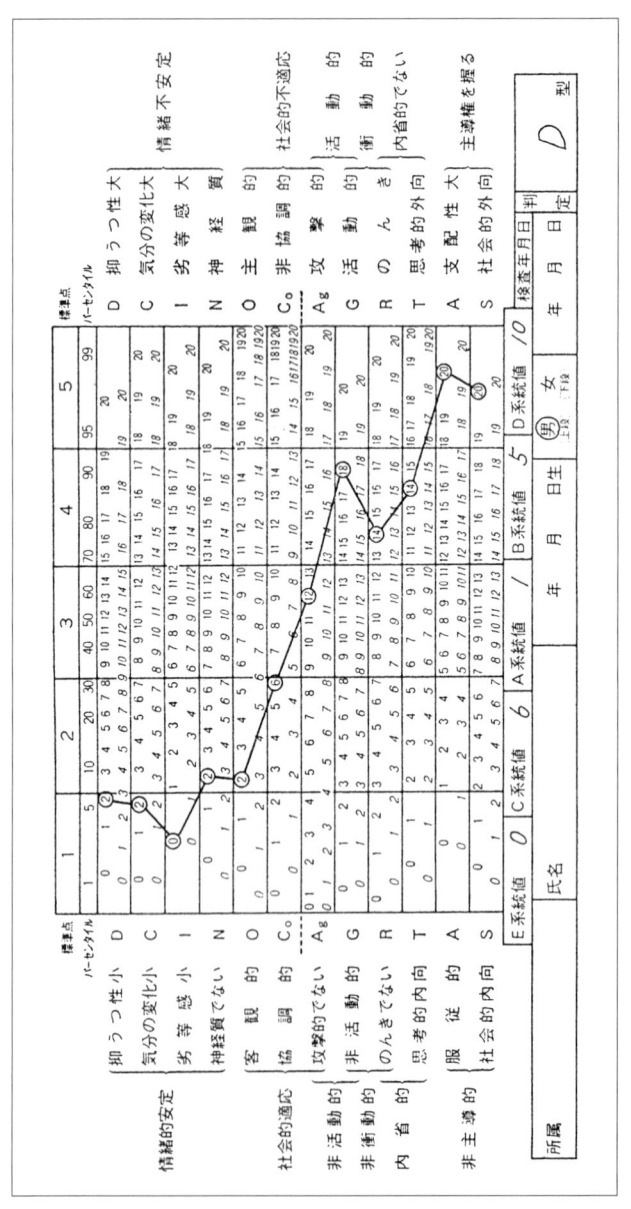

図14 YG性格用紙の一部
（竹井機器KKより）

つぎに，性格類型を判定するための系統値を算出する。プロフィール欄の尺度配列や尺度方向は，因子分析による尺度相互間の構造特徴によって並べられているので，それらの組合せによって，系統値は次のようにして求める。

A　系統値は，標準点3の枠内にプロットされた尺度の数で求める。この場合，標準点2と3および標準点3と4の線上にあるものもここに数える。
B　系統値は，標準点4と5の枠内にプロットされた尺度の数。
C　系統値は，標準点1と2の枠内にプロットされた尺度の数。
D　系統値は，尺度CoとAgを境にして標準点1と2の上半分と標準点4と5の下半分の枠内にプロットされた尺度の数。
E　系統値は，尺度CoとAgを境にして標準点4と5の上半分と標準点1と2の下半分の枠内にプロットされた尺度の数。

これらの系統値をもとに，性格類型を判定する。検査用紙には，プロフィール判定基準が用意されており，5つの類型に分けて，その典型，準型，混合型が判定できるようになっている。

## 5）結果の読み方

結果は，プロフィールに現われた性格特徴と系統値およびそれにもとづく性格類型とから解釈される。

解釈にあたっては，まず，プロフィールの型と類型判定から性格の全体的傾向を読む。そのためには，各類型とそのもつ意味を知る必要がある。プロフィールの類型は，5類15型に分けられるが，その典型は次の5型である。これらは，12尺度を構成する主要因子，すなわち，情緒性因子，適応性因子，向性因子の組合せによって得られたものである。

（1）　A型（Average Type：平均型）

これは，すべての性格特性に対して平均的で，尺度の凹凸があまり見られな

いタイプ。何事にも調和的でバランスのとれた人や平凡で消極的な人がこのタイプを示しやすい。また積極的な自己表現を避けて「どちらでもない」といった反応を多く示す人や矛盾する反応をする人もこのタイプを示しやすい。したがって，このタイプの解釈にあたっては，他の情報とともに慎重に行う必要がある。

(2) B型（Black List Type：情緒不安定，不適応，積極型）

このタイプは，情緒不安定，社会的不適応，外向型を示し，不安定性や衝動性が直接外部に現れやすいタイプ。このために対人関係のトラブルを起こしたり，反社会的な行動に出やすく，問題型である。非行少年などにしばしば見られるところから「非行型」とも呼ばれる。

(3) C型（Calm Type：情緒安定，適応，消極型）

このタイプは，情緒は安定し社会的適応性もあるが，万事に消極的で内向的なタイプ。落ちついていて問題を起こすことは少ないが，活動的でない。

(4) D型（Director Type：情緒安定，積極型）

このタイプは，情緒は安定し，社会的な適応性もあり，かつ積極的，活動的で行動的なタイプ。反社会的傾向や神経症的傾向とはおよそ無縁で，安定した精神生活を営み，社会性や主導性に富み，物事に積極的に取りくむ理想的な性格。それだけに，自分をよく見せようとする欲求の強い人や入社試験のような検査状況では，反応歪曲（意識的，無意識的な）の結果として，このタイプを示す場合もあるので，注意が必要である。

(5) E型（Eccentric Type：情緒不安定，消極型）

このタイプは，先のD型とは逆に，情緒が不安定で，社会的適応性も欠き，しかも非活動的で消極的，内向的な性格。このために，不安定感や不適応感が内向し，くよくよと考えやすい。別名「ノイローゼ型」とも呼ばれる。特にG因子が非活動的な傾向を示す人は，この傾向が強い。

以上の典型的な5型に続く準型や混合型は，これらの典型からの逸脱の度合に

応じて類型化されているので，どの尺度がどの方向に逸脱しているかを検討する。

　つぎに各尺度の得点や尺度間のまとまりについて検討する。各尺度の得点は，標準点3を中心にして左右に逸脱するにつれて，プロフィール欄に書かれた意味傾向は強くなる。また12の各尺度は，相互に関係の深い尺度が隣接するように並べられており，6つの因子群からなっている。すなわち，情緒性因子（D，C，I，N），社会適応性因子（O，Co，Ag），活動性因子（Ag，G），衝動性因子（G，R），内省性因子（R，T），主導性因子（A，S）である。これらの因子群は，それぞれにまとまりをもっていて，因子内の尺度得点（標準点）の間には大きな差の生じないのが普通である。特に情緒性因子や主導性因子にはこの傾向が強い。したがって，もしこれらの因子内の尺度間に標準点で2点以上の差のあるときは，検査態度に問題がなかったか，あるいは被検者の性格傾向にこの種の矛盾やゆがみがないか検討する必要がある。逆に，これらの因子がまとまりをもって左右に強調されている場合には，これらの因子が示す性格傾向が強いといえる。

　これらの特徴の検討から，プロフィール・パターンの類型を中心に，全体的な性格特徴を読み取るが，本検査はMMPIのような検査結果の妥当性を評定する尺度をもたないために，解釈にあたっては，被検者の検査時の状態像や検査態度，とりわけ回答をゆがめやすい反応傾向などに充分注意する必要がある。

＜解説書及び参考図書＞
　辻岡美延著：新性格検査法，竹井機器工業株式会社（1965）
　八木俊夫著：YGテストの診断マニュアル，日本心理技術研究所（1996）
　八木俊夫著：新版YGテストの実務手引，日本心理技術研究所（2000）

## 7. MMPI新日本版

| 作 成 者 | 新日本版研究会 |
|---|---|
| 発 行 所 | 三京房 |
| 対象範囲 | 16歳～成人 |
| 検査時間 | 60分～70分 |

### 1) 検査の概要

　MMPIは，Minnesota Multiphasic Personality Inventory（ミネソタ多面式人格目録）の略称で，1940年に，ミネソタ大学の心理学者ハザウェイ（Hsathaway, S. R.）と精神医学者マッキンレー（Mckinley, J. C.）によって考案発表されたものであるが，これを日本でも広く利用できるように翻訳，標準化したものが日本版MMPIで，1963年に阿部満州，住田勝美，黒田正大らによって公刊された。その後，幾度かの改訂が行われたが，日本版MMPIにもいくつかの点で改訂を必要とすることが痛感されていた。そこで，田中冨士夫を代表とするMMPI新日本版研究会によって，項目内容の見直しと新たな標準化が行われた。これが「MMPI新日本版」で，1993年に公刊された。

　本検査は，日常の生活態度，興味や関心，精神身体的自覚症状などを幅広く問うことによって，個人の性格特徴を多面的にアセスメントすることを目的としているが，同時に健常者と精神不健康者との判別やその病態のアセスメントにも役立てようとしている。

　本検査の特徴は，第1に臨床尺度の各尺度が実際的妥当性（予測的妥当性）にもとづいて作られていることである。つまり，各種の精神障害者群に実際に質問項目に回答させ，それぞれの病態群に固有な反応傾向をもつ項目を抽出することによって，各尺度の質問項目が構成されている点である。第2は，質問紙法に見られやすい虚偽反応や反応歪曲をあらかじめチェックする妥当性尺度をそなえて

いる点である。第3は，すでに述べたように，精神不健康者のスクリーニングとその病態のアセスメントを目的としていること。第4は，MMPIの質問項目の多さと多様性のゆえに，性格をアセスメントするための新たな尺度が開発される可能性をもっていることである。この点では，アメリカで最も研究が進み，すでに多くの尺度が開発され，一部は実用化されている。なお，MMPI新日本版の追加尺度には，不安尺度，抑圧尺度，顕在性不安尺度，自我強度尺度，腰痛尺度，頭頂葉・前頭葉損傷尺度，依存尺度，支配性尺度，社会的責任尺度，偏見尺度，社会的地位尺度，統制尺度などがあるが，ここでは基礎尺度を中心に述べる。

## 2）検査内容

本検査には，カード式と冊子式があり，冊子式にはA型冊子（直接冊子に回答させる）を用いるものとB型冊子（従来のもの）を用いるものがある。さらにB型冊子を用いる冊子式には，Ⅰ型，Ⅱ型，Ⅲ型（電子計算機用）の3種類

表13 項目内容の主題による分類

| 分類主題 | 項目数 | 分類主題 | 項目数 |
| --- | --- | --- | --- |
| 1 一般的健康 | 9 | 15 宗教に関する態度 | 19 |
| 2 一般的神経症状 | 19 | 16 政治に関する態度 | 46 |
| 3 脳神経 | 11 | 17 対人態度 | 72 |
| 4 運動と協応動作 | 6 | 18 抑うつ感情 | 32 |
| 5 感受性 | 5 | 19 躁感情 | 24 |
| 6 血管運動，栄養，言語分泌腺 | 10 | 20 強迫状態 | 15 |
| 7 循環・呼吸器系 | 5 | 21 妄想，幻覚，錯覚，関係念慮 | 31 |
| 8 消化器系 | 11 | 22 恐怖状態 | 29 |
| 9 生殖・泌尿器系 | 5 | 23 サディズム・マゾヒズム傾向 | 7 |
| 10 習慣 | 19 | 24 志気 | 33 |
| 11 家族と婚姻 | 26 | 25 男女の性度 | 55 |
| 12 職業 | 18 | （男性傾向，女性傾向） | |
| 13 教育 | 12 | 26 自分をよく見せようとする態度 | 15 |
| 14 性に関する態度 | 16 | | |

（MMPIマニュアル，三京房より）

がある。カード式，冊子式ともに550項目の質問からなるが，冊子式Ⅰ型は短縮版で383項目となっている。このために，基礎尺度以外の追加尺度についてはアセスメントできない。550項目の質問内容は多方面にわたるが，大別すると表13に示すように26種類に分けることができる。これらの質問項目に対して，被検者は「そう」「ちがう」「どちらでもない」の3件法で回答する。

検査尺度は，妥当性尺度4尺度，臨床尺度10尺度の合計14尺度よりなる。各尺度の名称とその意味について簡単に説明すると次の通りである。

### A. 妥当性尺度

疑問尺度（？）―疑問点：「どちらでもない」と答えた質問項目の数。この得点が高くなると，臨床尺度が実際よりも低い得点となり，信頼性が乏しくなる。

L尺度―虚構点：たいていの人なら当然自分に「あてはまる」と自認するような些細な弱点や欠点を問う質問項目15項目からなる。多くの項目に「あてはまらない」と答えるほどL尺度は高得点を示し，意識的，無意識的に自分をよく見せようとする傾向を表す。

F尺度―妥当性得点：正常成人ではまれにしか応答しないような質問項目64項目からなる。被検者の不注意，質問項目の理解不足，検査への協力不足，採点上の誤りなどを検出するためのものであるが，同時に妥当性を欠くプロフィールでなければ，得点が高くなるほど重篤な精神病理を表す指標でもある。

K尺度―K点：この尺度もLやFと同じように，被検者の受検態度を測定するものであるが，検査なれした被検者でも容易に見破れない項目（30項目）からなっており，他の妥当性尺度とは異なった歪曲因子を検出するもの。高いK点は心理的弱点に対する防衛的態度を，低いK点は逆に自分を悪く見せようとする傾向を反映する。

またK点は，臨床尺度のHs，Pd，Pt，Sc，Maの各尺度の診断上における弁別力を高めるための修正因子として用いられる。

### B. 臨床尺度

尺度1（Hs）―心気症性：心気症に見られるように身体の状態や機能への懸念や不安の度合を測定する。

尺度2（D）—抑うつ性：相対的な気分の指標で，気分の抑うつ傾向を測定する。生活状況における不快感や不満足感の指標でもある。

尺度3（Hy）—ヒステリー性：ストレス状況に対してヒステリー反応を起こしやすい患者とどの程度似ているかを測定する。不安を身体症状に転換したり，未熟さや被暗示性の指標。

尺度4（Pd）—精神病質的偏執性：他者との深い情緒的な反応を欠き，経験を通して学習する能力に乏しく，社会的な良俗を無視するといったある種の人格的偏りをもつ人たちと，どの程度似ているかを測定する。

尺度5（Mf）—性度：興味の型がどの程度男性的であるか，あるいは女性的であるかを測定する。

尺度6（Pa）—偏執性：関係妄想や被害妄想をもちやすく，猜疑心，自己中心的傾向，過度の感じやすさなどの特徴を測定する。

尺度7（Pt）—精神衰弱傾向：恐怖症や強迫行動に悩まされる精神病者とどの程度類似しているかを測定する。不安や強迫観念の指標。

尺度8（Sc）—精神分裂性：奇妙で一風変わった考え方や行動をする点で特徴的な患者とどの程度類似しているかを測定する。異常な思考や行動の指標。

尺度9（Ma）—軽躁性：思考や行動が異常に生じてくる多弁多動な人に特徴的である性格因子を測定する。一般的な活動水準の指標。

尺度0（Si）—社会的向性：内気，消極的，引き込み思案か，あるいは社交的，おしゃべり，活動的かなどの社会的な内向性，外向性の傾向を測定する。

　これらの各尺度を測定するために必要な質問項目は，少ないもので十数項目，多いもので数十項目に及ぶが，これらは550項目の全項目の中に適宜埋め込まれており，被検者にはわからないように工夫されている。このために，反応歪曲の生じやすい質問紙法の弱点がある程度カバーされている。また妥当性尺度の導入によって被検者の反応態度を積極的に評価できるのもこの検査の特徴である。

## 3）実施方法

### （1）準備するもの

カード式の場合は，所定のカード式検査用具（550枚の質問カード，カードを分類する箱，「そう」「ちがう」「わからない」を分類する仕切りカード），Ⅱ型回答用紙，採点盤，プロフィール用紙。

冊子式の場合で，A型冊子（直接冊子に回答する）を用いる場合は，回答を転記するためのⅡ型回答用紙，採点盤，筆記用具，プロフィール用紙。B型冊子（従来の方法）を使用する場合は，Ⅰ型は，Ⅰ型回答用紙（カーボン複写で採点も可），筆記用具，プロフィール用紙，Ⅱ型はⅡ型回答用紙，採点盤，筆記用具，プロフィール用紙，Ⅲ型（コンピュータ採点）は，Ⅲ型回答用紙，シャープペンシルまたはHBの鉛筆数本，消しゴム。

### （2）検査のすすめ方

ここでは臨床場面で比較的よく使用されるカード式および冊子式Ⅱ型を中心に検査の進め方を説明する。

カード式は，個別的に使用されるものであるが，これは，質問項目の書かれた550枚のカードを，被検者が自分で読みながら，自分に大体当てはまれば「そう」，当てはまらなければ「ちがう」，どちらでもないとか，わからなければ「どちらでもない」の箱（仕切りの中）に分類させるものである。カードは前も

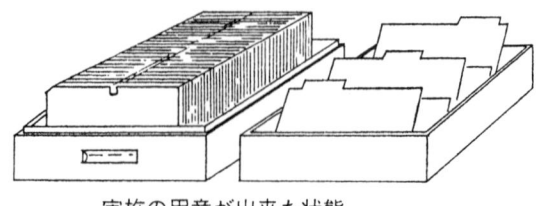

実施の用意が出来た状態

**図15　カード式MMPI**
（MMPIマニュアル，三京房より）

ってよく切り混ぜておき，分類箱はカードの入れてあった箱の蓋に仕切り板を立てて準備しておく．検査に入る前に，所定の「やり方と注意」を読みながら，やり方をよく説明し，2, 3のカードを使って実際に分類してもらう．充分やり方が理解できたところで，全カードを分類させる．ただ「どちらでもない」が多くなりすぎると臨床尺度の妥当性が低くなるので，その場合は，後でもう一度「そう」か「ちがう」のどちらかに，できるだけ決めるように指示する．

　制限時間はない．また途中で疲れたら日を変えて実施してもよい．なお，カード式は質問項目の活字も大きく，またいちいち回答を記入する必要もなく，病室のベッドの上でもできるので，検査へのわずらわしさも少なく便利である．

　冊子式は，主として集団用であるが，個別的にも用いられる．被検者に質問票（冊子）と回答用紙を配布し，質問票の表紙にある「やり方」と回答用紙の裏面の「記入の仕方」を読みながら充分説明した後，本検査に入る．説明では，特に①あまり長く考え込まずに読んだ直後の感じで答えを記入すること，②なるべく「そう」か「ちがう」のどちらかに答えること，③回答欄の行と列を間違えないように注意すること，などを強調しておく．検査は，被検者自身が質問項目を読み，順次回答をしていく．被検者からの質問には，特に説明を与えず，「あなたの考えで判断してください」という．

　なお，MMPIは，カード式，冊子式のいずれにおいても，種々の事情で充分時間のない場合には，383項目（カード式の場合はあらかじめ余分のカードをぬいておく）まで実施して検査を終わることができる．しかしこの場合は，臨床基礎尺度しか評価できず，追加尺度についての情報を得ることはできない．したがって，できるだけ全項目実施するのが望ましい．

## 4）結果の整理

　カード式は，まず「そう」「ちがう」「どちらでもない」に分類されたカードのそれぞれについて，質問項目番号の若い順に並べておき，それをⅡ型回答用紙に「そう」と分類されたカードから順に該当欄に転記していく．同様に「ちがう」「どちらでもない」に分類されたカードも該当欄に転記する．なお，A型

冊子を用いた場合も，回答は冊子に直接記入されているので，これもⅡ型回答用紙に転記する。こうした作業が終わると，後は，つぎに示す冊子式（Ⅱ型）と同様の手順で整理する。

　冊子式（Ⅱ型）の場合は，所定の採点台と採点盤を用いて各尺度の粗点を出す。採点台の上にⅡ型回答用紙を置き，その上に各尺度別に分かれている採点盤を1枚ずつのせて採点する。採点盤は色つきの硬質ビニールでできているが，各尺度に必要な個所は透明の窓になっており，ガイドラインに沿ってその数を数えれば簡単に粗点をカウントできる。また各採点盤の下辺には粗点を記入する窓が開けられているので，そこに粗点を記入すれば，回答用紙の該当尺度に粗点を記入することができる。こうして得られた各尺度の粗点をプロフィール用紙（図16）の所定の場所に転記し，若干の尺度については，付加K点によって修正する。この場合は，採点台に添付された「付加K点早見表」を用いると便利である。最後に，プロフィールを描くとともにそれをコード化する。

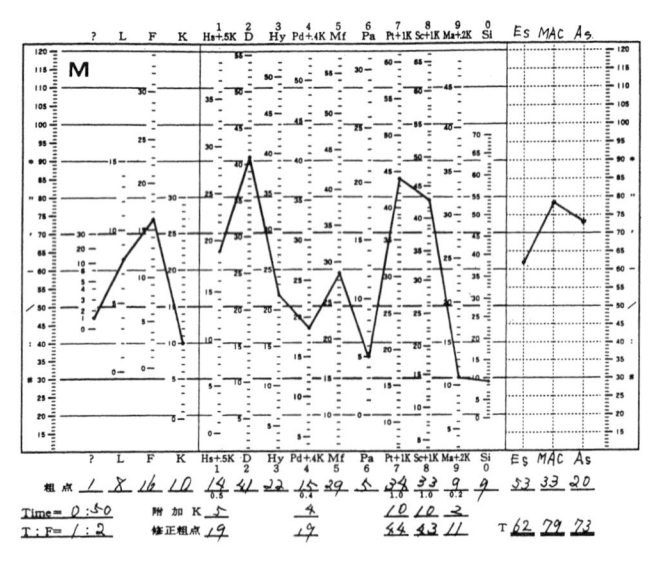

**図16　プロフィール記入例**
（MMPIマニュアル'93，三京房より）

プロフィールの書き方は、妥当性尺度、臨床尺度のそれぞれについて、まず転記された各尺度の粗点をプロフィール用紙にプロットする。各尺度は粗点によって目盛りが付されているので、該当する個所に印をすればよい。つぎに妥当性尺度と臨床尺度を分けて、この印を線で結べば出来上がる。なお、MMPI新日本版では、追加尺度の記入欄もあるが、この場合は、粗点でなくT得点でプロフィールを描くことになっている。MMPIマニュアルの巻末には「追加尺度のT得点換算表」があるので、これを利用するとよい。

## 5) 結果の読み方

　結果の解釈は、まず妥当性尺度の検討から始める。妥当性尺度の4尺度（？, L, F, K）は、すでに述べたように、被検者の検査態度を検討するもので、これらの尺度が一定の水準を超えて高くなると、それだけ検査態度のゆがみも大きくなり、臨床尺度の信頼性も低くなる。

　疑問（？）尺度は、「どちらでもない」と回答した項目数で表される。この得点が非常に高くなると（粗点55以上）、臨床尺度の得点は低くなり、充分な解釈が困難となるが、また、このような態度の背景には、決断力の乏しさ、両価性、積極的な自己表現の回避といった性格傾向の存在が推測される。

　L, F, Kの3尺度は、被検者の検査態度を積極的に評価するもので、L尺度とK尺度は自己防衛的傾向の指標であり、F尺度は逸脱した行動や態度の指標である。高いL得点は自己をよく見せようとする態度を、また高いK得点は心理的弱点をかくすことによって自己をよく見せようとする態度を表し、逆に、低いK得点は過度に自己批判的で悪い印象を与えようとする傾向を示す。一方、高いF得点は、被検者の不注意や理解不足等を反映するが、同時にそうした事態の起こる背景としての情緒的な混乱や過度に異常を誇張する傾向などを反映し、低いF得点は社会的な同調性や故意に自己をよく見せようとする傾向を示す。

　一般に、L得点とK得点が高くF得点の低いV字型のプロフィールは、防衛的で自己をよく見せようとする傾向を、逆にF得点が高くL得点とK得点が低い逆V字型は、自己批判的で悪い印象を与えようとする傾向を示す。なお、L尺度

の粗点が11点以上，F尺度では粗点が20点以上，K尺度では粗点が24以上になると，臨床尺度の信頼性は低くなる。したがって，臨床尺度の解釈にあたっては，これらの点を充分考慮する必要がある。

つぎに臨床尺度の特徴を検討する。臨床尺度のプロフィールは，Tスコア50を中心にして30と70の間（正常域）に描かれるように構成されており，各尺度の得点がこれよりも高く，あるいは低くなればなるほど，またそのような尺度が多くなればなるほど，性格的偏りや異常の度合いも大きくなると考えられる。しかし，このような逸脱を示す尺度が常に臨床上の異常を示すと考えてはならない。また各臨床尺度は，精神医学的診断名によって分類されているが，それらは病名診断を目的としているのではなく，そうした病態像にみられやすい心理・性格的特徴を示しているに過ぎないことも忘れてはならない。例えば，尺度1（心気症尺度）は，身体への不安や懸念を示すものであり，このような傾向は心気症者にも，うつ病者や正常者にもみられるものである。したがって，解釈をする場合には，これらの点を考慮しながら，プロフィールの型や相対的に逸脱を示している尺度等に注目する。

典型的なプロフィールの型には，左が高く右の低いものと，逆に右が高く左が低いものとがある。前者は一般にNeurotic Patternと呼ばれ，尺度1（Hs），尺度2（D），尺度3（Hy）の3尺度が高く，神経症的徴候と関係が深い。また後者はPsychotic Patternと呼ばれ，尺度6（Pa），尺度7（Pt），尺度8（Sc），尺度9（Ma）の4尺度が高く，精神病的傾向を示し，これらが非常に高値を示す時には重篤な精神病理の存在が疑われる。また尺度4（Pd），尺度6（Pa），尺度9（Ma）の高い場合は，問題行動を起こしやすい傾向を示す。この他には全体的に高値を示すもの（情緒的混乱かデタラメ反応），全体的に低値を示すもの（？反応が多い），スパイク状にいくつかの尺度の高いものなどがある。

臨床尺度の解釈においては，高い尺度だけでなく低い尺度にも注目するとともに特に逸脱した1つの尺度のみに注目するのではなく，それに続く他の尺度にも注目し，それらの尺度が意味する傾向（検査内容の項参照）を検討する。これらの検討を通して，逸脱を示す各尺度に共通する特徴から被検者の性格特徴や適応水準を読み取り，最終的には，検査態度や他の心理検査の結果，精神医学的所見，面接資料などを総合して，被検者の精神力動や病態像を推論する。

## 6）コンピュータ心理診断法

　MMPI新日本版（三京房）も冊子式Ⅲ型（電算機用）の回答用紙に回答を記録し，センターに送付すれば，採点結果と解釈文をプリントアウトしてくれるが，それとは全く別個に，村上宣寛らによって新たにMMPIの自動診断システムが開発された。名づけて「MMPI-1自動診断システム」「MINI自動診断システム」と呼ばれるものである。前者は566項目，129尺度からなり，後者は前者の短縮版で250項目，23尺度で構成されている。これらの質問項目や尺度の決定にあたっては，アメリカのオリジナル版と符号するように，独自に質問項目の翻訳と標準化が試みられている。

　これらの自動診断システムでは，ソフトを購入し，手持ちのパソコンにインストールすれば，後は画面上でカーソル移動・キーとリターン・キーを操作し，必要事項と回答を入力するだけで，結果がプリントアウトされる。また，マークカードリーダーを導入すれば，冊子式で個別にも集団でも実施ができる。その場合，マークカードリーダーを使用するように設定すると，分析を自動実行し，結果が連続的にプリントアウトされる。

　プリントアウトされる内容は，被検者の記録，MMPIのプロフィール，自動解釈，臨床尺度と特殊尺度の粗点と標準点，その他である。詳細については，下記の参考図書を参照されたい。

＜解説書及び参考図書＞
　　MMPI新日本版研究会著：MMPI新日本版の標準化研究，三京房（1997）
　　村上宣寛，村上千恵子著：コンピュータ心理診断法―MINI，MMPI-1自動診断システムへの招待―，学芸図書株式会社（1992）

# 8. 日本版 CMI

| 作 成 者 | 金久卓也，他 |
|---|---|
| 発 行 所 | 三京房 |
| 対象範囲 | 14歳〜成人 |
| 検査時間 | 約30分 |

## 1) 検査の概要

　CMIは，Cornell Medical Indexの略称で，ニューヨークのコーネル大学のブロードマン（Brodman, K.）らによって，心身両面の自覚症状を比較的短時間にチェックするための調査表として考案されたものである。日本版CMIは，この1949年版を原本としながらも，若干の質問項目の追加と改良を加えて，金久卓也，深町　健らによって標準化され，1972年に公刊された。

　本検査の目的は，すでに述べたように，心身両面の自覚症状を比較的短時間にチェックすることにあるが，同時にまた心身の自覚症状のバランスから神経症的傾向の有無をスクリーニングすることもねらいとしている。この点は，アメリカの原版には見られない大きな特徴である。日本版CMIのこの他の特徴としては，質問項目の内容と用語が具体的でわかりやすいこと，外来の待ち時間などを利用して比較的短時間に容易に実施できること，集団用としても利用できること，心理テストという印象を与えないように標題を「健康調査表」とするとともに，質問項目も身体的自覚症状から精神的自覚症状へと配列し，被検者の心理的防衛や意識的歪曲を軽減するように工夫されていること，心身両面にわたる自覚症状の調査が同時に施行できるため，職場や学校などの身体的・精神的衛生管理面への応用にも便利であること，などがある。なお，日本版CMIには，男性用（ブルーの色刷り）と女性用（セルビアの色刷り）があり，対象によって使い分けが必要である。

## 2）検査内容

本検査の構成は，表14に示すように，全身の身体的な自覚症状を問う質問項目と精神的な自覚症状を問う質問項目からなる。また身体的自覚症状の項目には，疾病頻度や既往歴，生活習慣等を問う項目も含まれている。CMIの現法では，身体的項目144項目，精神的項目51項目からなっているが，日本版では，身体的自覚症状の項目として，男子で16項目，女子で18項目が追加されており，全質問項目は男子211項目，女子213項目となっている。なお，追加項目には，その番号にダッシュが付されているので参考となる。

表14　CMIの質問内容と項目数

| 区分 | | 質問内容 | 項目数 |
|---|---|---|---|
| 身体的項目 | A | 目と耳 | 10 |
| | B | 呼吸器系 | 21 |
| | C | 心臓脈管系 | 14 |
| | D | 消化器系 | 28 |
| | E | 筋肉骨格系 | 10 |
| | F | 皮膚 | 9 |
| | G | 神経系 | 19 |
| | H | 泌尿生殖器系 | 男性11 / 女性13 |
| | I | 疲労度 | 7 |
| | J | 疾病頻度 | 9 |
| | K | 既往症 | 15 |
| | L | 習慣 | 7 |
| 精神的項目 | M | 不適応 | 12 |
| | N | 抑うつ | 6 |
| | O | 不安 | 9 |
| | P | 過敏 | 6 |
| | Q | 怒り | 9 |
| | R | 緊張 | 9 |

（CMI解説書，三京房より）

質問項目の配列は，区分のアルファベット順に従い，身近で具体的な身体の自覚症状を問う項目から始まり，既往歴や生活習慣を経て精神的な自覚症状を問う項目へと進むようになっており，被検者の抵抗や防衛を軽くするように工夫されている。

つぎに質問項目の具体的な内容をいくつか示す。

A1 新聞を読むのにめがねがいりますか
B10 よくせきばらいをしますか
C28 医師から血圧が高いといわれたことがありますか

これらの質問項目に対して，被検者は「はい」「いいえ」のどちらかで回答するように求められる。

## 3) 実施方法

### (1) 準備するもの

所定のCMI健康調査票，筆記用具（鉛筆，ボールペン等）。

### (2) 検査のすすめ方

本検査の実施に当たっては特別な技術を要しないが，臨床場面で実施する場合には，患者が医師からの援助を期待して来院し，診断がまだ確定しない時期に，身体的な諸検査と平行して記入させることが望ましい。また職場や学校で実施する場合には，定期の健康診断の一環として行うのがよい。いずれにしても，検査の実施に当たっては，検査への不要な不安や警戒心を取り除き，協力的な態度が得やすいように配慮することが重要である。

本検査は，個別的にも集団的にも実施できるが，個別実施の場合は，被検者自身が表紙にある「記入の仕方」をよく読んでから始めるように教示して用紙を渡す。集団実施の場合は，表紙の氏名その他の記入欄に必要事項を記入させた後，「記入の仕方」を読んで聞かせてから，記入を始めさせる。回答は「はい」「いいえ」の2件法である。

## 4）結果の整理

　記入の終った検査用紙を裏返すと，太い2本線の入った最後のページが袋とじになっている。これをペーパーナイフで切り離し2本線の左側のミシン線にそって2本線が内側になるように折り曲げると，採点欄と特定の精神的項目を示す位置が現れる。これで採点のための準備が完了する。

　採点はセクションAより始め，A区分の中で「はい」と答えた項目数を数え，その数を採点欄のA欄に記入する。以下同じようにして，BからRまで，それぞれのセクションごとに「はい」と答えた項目数を数え，採点欄の該当する欄に記入する。

　全体の採点が終ったら，つぎに採点欄の身体的項目（A～L）の合計点と精神的項目（M～R）の合計点を算出し，それぞれの該当欄に記入する。また身体的項目のC，I，Jの合計も算出し「CIJ」欄に記入する。

　つぎに，特定の精神的項目をチェックする。チェックする項目は，①憂うつ傾向，②希望がない，③自殺傾向，④神経症の既往，⑤精神病院入院既往，⑥家族精神病院入院既往，⑦易怒性，⑧強迫観念，⑨理由のないおびえの9項目である。これらに該当する質問項目は，すべて検査用紙の5ページにあるので，その位置を示すガイドにしたがって調べ，そこに「はい」と答えてあれば，自覚症状のプロフィール欄の右下にある1～9の該当する番号を○でかこむ（図17）。

　最後に，自覚症状のプロフィールを描き，神経症判別図によって領域を判定する。自覚症状のプロフィール表には，あらかじめ各セクションごとにパーセンタイルにしたがって得点の位置がきざまれているので，採点欄の数値に対応する数値を○でかこみ，これを線で結ぶと簡単にプロフィールが描ける。また神経症判別図（図18）は，縦軸にC，I，Jの合計得点を横軸にM～Rの合計得点をとり，その交差点を求め，×印を記入する。この位置によって，被検者がどの領域に属するかを判別するが，領域がどちらに属するか不明な個所には∨印がついているので，その場合には∨印の開いた方の領域に入れて判別し，領域欄に記入する。

| | 項目 | | 0 10 20 30 40 50 60 70 80 90 100 (%) | 採点欄 |
|---|---|---|---|---|
| 身体的自覚症 | 目と目 | 10 | 1 2 3 4 5 6 7 8 9 10 | A |
| | 呼吸器系 | 21 | 1 2 3 4 5 6 7 8 9 10 11 12 13 14 15 16 17 18 19 20 21 | B |
| | 心臓脈管系 | 14 | 1 2 3 4 5 6 7 8 9 10 11 12 13 14 | C |
| | 消化器系 | 28 | 1 2・4・6・8・10・12・14・16・18・20・22・24・26・28 | D |
| | 筋肉骨格系 | 10 | 1 2 3 4 5 6 7 8 9 10 | E |
| | 皮膚 | 9 | 1 2 3 4 5 6 7 8 9 | F |
| | 神経系 | 19 | 1 2 3 4 5 6 7 8 9 10 11 12 13 14 15 16 17 18 19 | G |
| | 泌尿生殖器系 | 11 | 1 2 3 4 5 6 7 8 9 10 11 | H |
| | 疲労度 | 7 | 1 2 3 4 5 6 7 | I |
| | 疾病頻度 | 9 | 1 2 3 4 5 6 7 8 9 | J |
| | 既往症 | 15 | 1 2 3 4 5 6 7 8 9 10 11 12 13 14 15 | K |
| | 習慣 | 7 | 1 2 3 4 5 6 7 | L |
| | C. I. J | 30 | 1 3 5 7 9 11 13 15 17 19 21 23 25 27 30 | ? |
| | 計 | 160 | 20 40 60 80 100 120 140 160 | 計 |
| 精神的自覚症 | 不適応 | 12 | 1 2 3 4 5 6 7 8 9 10 11 12 | M |
| | 抑うつ | 6 | 1 2 3 4 5 6 | N |
| | 不安 | 9 | 1 2 3 4 5 6 7 8 9 | O |
| | 過敏 | 6 | 1 2 3 4 5 6 | P |
| | 怒り | 9 | 1 2 3 4 5 6 7 8 9 | Q |
| | 緊張 | 9 | 1 2 3 4 5 6 7 8 9 | R |
| | 計 | 51 | 1 5 10 15 20 25 30 35 40 45 51 | 計 |
| | | | 0 10 20 30 40 50 60 70 80 90 100 (%) | |

領域　　　綜合所見

憂　う　つ　① 
希望がない　② 
自殺傾向　③ 
神経症の既往　④ 
精神病院入院既往　⑤ 
家族精神病院入院既往　⑥ 
易　怒　性　⑦ 
強　迫　観　念　⑧ 
理由のないおびえ　⑨

図17　CMI整理表
（CMI解説書，三京房より）

図18　神経症判別図
（CMI解説書，三京房より）

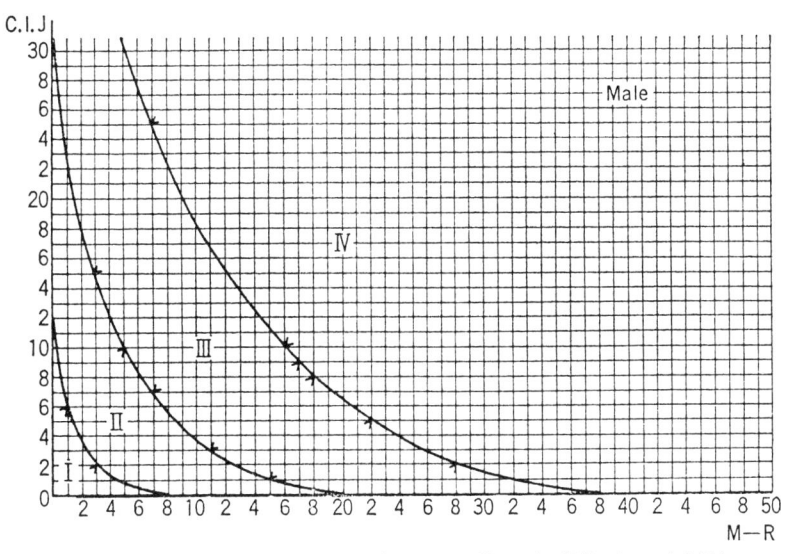

該当位置に×印で表示すること　　V印のところは開いた方の領域に入ることを示す

## 5）結果の読み方

　結果の解釈は，主として自覚症状のプロフィールと神経症判別図による領域および特定の精神的項目の出現状況とからなされる。

　まず，自覚症状のプロフィールを中心に，被検者の自覚症状が例えば心臓脈管系とか消化器系などのどの区分に集中しているか，あるいは自覚症状のバラツキが大きいか小さいかなどを検討する。プロフィールは，区分別訴え率によって描かれているので，これらの傾向を容易に読み取ることができる。自覚症状が特定の区分に集中している場合には，それに関連する疾病が考慮されるであろうし，バラツキの大きい場合には，不定愁訴や神経症的傾向などが疑われるであろう。いずれにせよ，これらの自覚症状の特徴を参考にしながら，さらに問診を進めることによって，可能な疾病やその背景を理解していくことが重要である。

つぎに，神経症判別図によって心理障害の有無を判定する。判別図は，身体的自覚症状のC，I，J区分と精神的自覚症状のM〜Rの中で「はい」と答えた数の出現状況によって4つの領域に分けられる。

領域Ⅰ：神経症であるという仮定が5％の有意水準で棄却できるという意味において心的に正常な領域
領域Ⅱ：どちらかといえば心理的正常の可能性が強い領域
領域Ⅲ：どちらかといえば神経症の可能性の強い領域
領域Ⅳ：領域Ⅰと同様の意味で神経症と判定できる領域

被検者の結果が，これらのどの領域に属するかによって，神経症傾向の有無を判定すればよいのであるが，この種のスクリーニングには，必ず'取り込み'や'取りこぼし'がつきものである。深町らもこの点に関して，CMIは神経症者の高い検出率を示すが，それでも良性神経質の状態で，必ずしも神経症といえない症例が領域Ⅲ，Ⅳに相当入ってくるという'取り込み'のあることを警告している。したがって，領域判定の結果を1つの目安として，さらに個人面接を深めていくことが必要である。

最後に，特定の精神的項目の出現状況から神経症判別図に現れない精神的問題の有無を検討する。ここには，すでに述べたように，①憂うつ傾向，②希望がない，③自殺傾向，④神経症の既往，⑤精神病院入院既往，⑥家族精神病院入院既往，⑦易怒性，⑧強迫観念，⑨理由のないおびえの9項目があるが，これらの出現状況からその背景を読み取る。例えば，①，②，③などがみられる場合には，抑うつ傾向ないしはうつ病の疑いが考えられるし，④，⑤，⑥などがみられる時には，精神病的要因の存在が疑われるであろう。また⑧，⑨などがみられるならば，恐怖症や強迫神経症の可能性を考慮する必要がある。

このように，検査結果を多角的に検討することによって，被検者の精神状態や疾病の状況に関するより詳細な情報を得ることができるが，もともとCMIは，目的のところでも述べたように，自覚症状のチェックや心理障害のスクリーニングがねらいであるので，この結果をもとにさらに面接を深め，より深い患者理解に到達するように努力することが大切である。

＜解説書及び参考図書＞

金久卓也，深町　健著：コーネル・メディカル・インデックス―その解説と資料，三京房（1983）

金久卓也，深町　健，野添新一著：日本版コーネル・メディカル・インデックス―その解説と資料（改訂増補版），三京房（2001）

## 9. 新版 TEG

| 作 成 者 | TEG 研究会 |
|---|---|
| 発 行 所 | 金子書房 |
| 対象範囲 | 高1～成人 |
| 検査時間 | 約20分 |

### 1）検査の概要

　TEG は Tokyo University Egogram の略称で，一般に「東大式エゴグラム」と呼ばれる。もともとエゴグラムは，アメリカの精神科医エリック・バーン（Berne, E.）が創始した交流分析理論に基づいて，弟子のデュセイ（Dusay, J.M.）が考案したものである。彼は，エゴグラムを「パーソナリティの各自我状態同士の関係と，外部に放出している心的エネルギーの量を表すもの」と定義し，各自我状態の現れ方を棒グラフによって視覚的に表現した。しかし，その方法は，直感的な判断によるものであった。その後1970年代に入って，自我状態の現れ方を質問紙法によって数量的に表現する方法が考案され，質問紙法エゴグラムが開発されるようになった。

　TEG の初版は，東大心療内科教室によって質問項目の選定と標準化の作業が行われ，1984年に公刊された。続いて1993年に，TEG 第2版が公刊されたが，さらに精度の高いエゴグラムをめざして，蓄積された臨床データとさらなる科学的な手順を利用し新たに質問項目の選定と標準化を実施して完成したのが新版 TEG で，東大心療内科 TEG 研究会によって2000年に公刊された。

　本検査の特徴は，質問紙法の人格検査で，対人関係場面における自我状態のあり方を客観的に測定できること，検査態度を評価する妥当性尺度を備えていること，集団でも個人でも実施でき，実施法，採点法も簡便であること，質問項目が少ないために短時間でできること，などである。

## 2）検査内容

検査は，交流分析の基本概念である自我状態を測定する 50 の質問項目と妥当性尺度のための質問項目，5 項目の合計 55 の質問項目で構成されている。

自我状態とは「感情および思考，さらにはそれらに関連した一連の行動様式を総合した 1 つのシステム」と定義され，交流分析では，人はみな 3 つの自我状態，すなわち，親の心（P），大人の心（A），子どもの心（C）を持ち，さらにこの親の心は批判的な親（CP）と養育的な親（NP）に，また子どもの心は自由な子ども（FC）と順応した子ども（AC）に区分されると考える（図 19）。

これら 5 つの自我状態の特徴を簡単にまとめると以下の通りである。

- CP（Critical Parent）：父親的な役割を担う批判的な親の自我状態で，「〜しなければならない」「〜すべきである」といった批判や非難を行う。目標が高く，理想を追求し，責任感が強い反面，他人に厳しく，攻撃的で，自分の価値観を押しつける。
- NP（Nurturing Parent）：母親的な役割を担う養育的な親の自我状態で，人をいたわり，親身になって世話をするといった親切で，寛容的な態度や行動を示

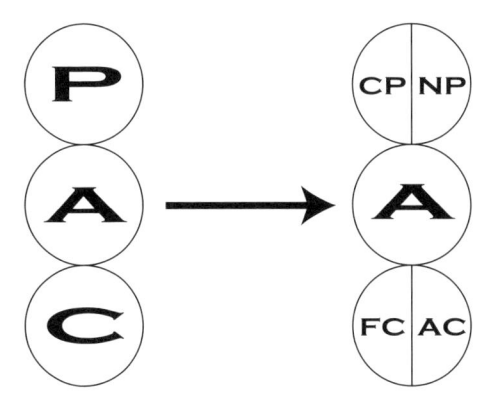

図 19　自我状態
（新版 TEG 実施マニュアル，金子書房より）

す反面，度が過ぎると甘やかしや親切の押し売りになる。
A（Adult）：大人の心は，事実に基づき，物事を客観的かつ論理的に理解し，判断しようとする自我状態で，物事を冷静，客観的に捉える反面，人間味に乏しい面もある。
FC（Free Child）：欲求のままに行動するといった自我状態で，好奇心に富み，積極的で自由奔放である反面，自分勝手で自己中心的な面もある。
AC（Adapted Child）：親のしつけや教育の影響を受けてよく順応した自我状態で，感情表出を抑えて，周囲にあわせようとする。他人の言うことに左右されやすく，主体性に欠ける反面，従順，素直，協調的と捉えられる面もある。

これら5つの自我状態を示す尺度に対して，各10項目の質問項目が用意されている。被検者は，質問を読み，「はい」「いいえ」「どちらでもない」の3件法で回答する。

また，妥当性尺度は，L尺度（Low Frequency Scale）と疑問尺度の2尺度からなる。L尺度は一般に「はい」（逆転項目では「いいえ」）と答える頻度の少ない項目からなっており，疑問尺度は「どちらでもない」と答えた項目の合計である。これらはいずれも被検者の応答態度を評価するものである。

## 3) 実施方法

### (1) 準備するもの
TEG検査用紙，筆記用具（鉛筆またはシャープペンシル，ボールペン等）

### (2) 検査のすすめ方
新版TEGは，自己記入式の質問紙法である。検査者は落ちついた検査室を用意し，質問用紙にある注意書きにしたがって，まず「記入のしかた」を読んでもらい，充分理解させる。

「記入のしかた」には，①「自分に当てはまる時」には「はい」の□に，「自分に当てはまらない時」には「いいえ」の□に○を記入すること，②なるべく

「はい」か「いいえ」で答えること，どうしても決められない時は「どちらでもない」の□に○を記入すること，③訂正するときは，2本線で訂正すること，④55の質問項目すべてに答えること，などが書かれている．

　これらのことが充分理解できたら，質問項目の1番から順に回答させる．なお，「はい」「いいえ」「どちらでもない」の回答は，いずれも○を記入させるので，記入する欄を間違えないように充分注意をしておくとよい．

## 4）結果の整理

　結果の整理は簡単である．質問項目の書かれた薄い紙をめくると，回答はカーボン紙によって複写されており，同時に採点方法やプロフィールの書き方が説明されているので，それにしたがって処理すればよい．

　まず，採点は，横の方向に「はい」は2点，「どちらでもない」は1点，「いいえ」は0点として，左右両項目の合計を所定の□に記入する．ただし，項目27と30は逆転項目なので，「はい」は0点，「いいえ」は2点となる．

　こうして得られた得点を縦方向に集計し，CPからLまで，順番にその得点を記入する．これがそれぞれの尺度の得点となる．

　これらの得点をもとに，エゴグラム・パターンのプロフィールを描くのであるが，男女別得点配置図（図20）には，それぞれの尺度の得点がすでに配置されているので，性別を確認した後，該当する数字に印をつけ，縦に塗ればプロフィール（棒グラフ）が得られる．

　また，男女別得点配置図左下のL尺度，Q尺度（55の質問項目のうち，「どちらでもない」と答えた項目の合計）の得点も記入する．

## 5）結果の読み方

　まず妥当性尺度に注目する．すでに述べたように，L尺度は多くの人が「はい」と答えない項目からなっており，この得点が高くなると問題である．約9割以上

112　第3章　心理検査の実際

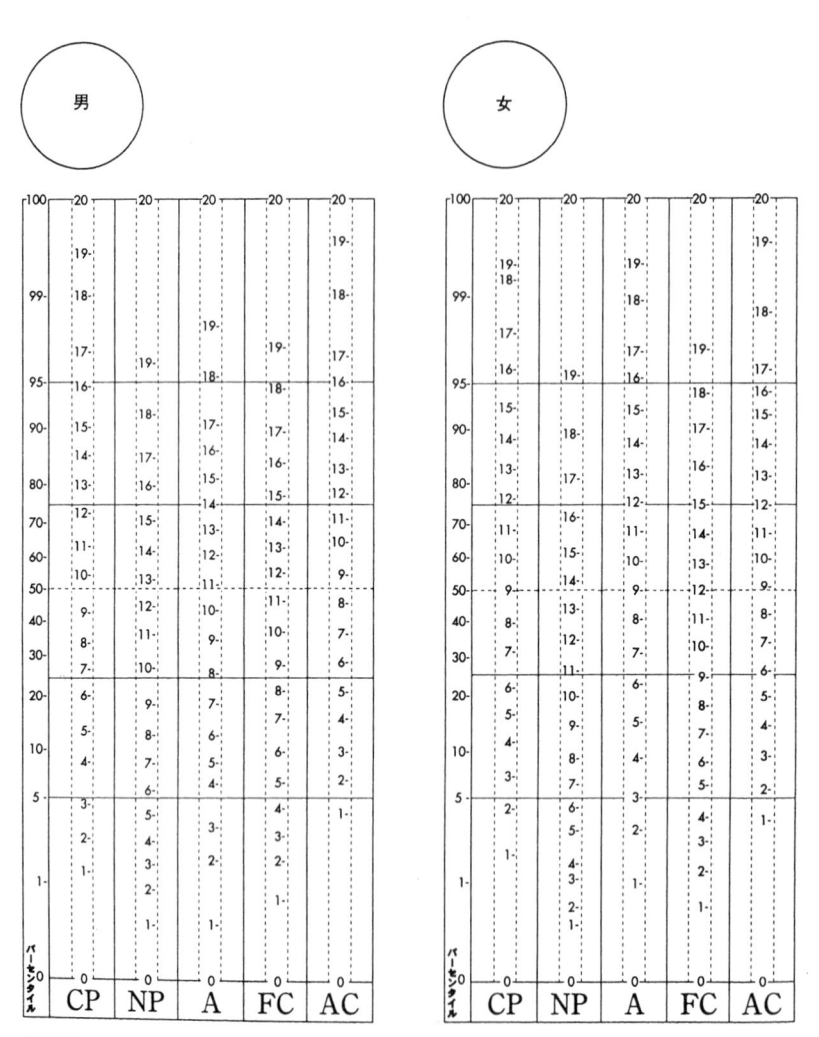

[備考]
L＝
Q (55の質問項目のうち、どちらでもないと答えた数の合計) ＝

**図20　男女別得点配置図**
（新版 TEG 実施マニュアル、金子書房より）

の人は3点以下であるので，4点以上の場合は，検査への応答態度に信頼性が乏しくなる。また疑問尺度は「どちらでもない」と答えた項目数の合計であるが，この得点は自分を積極的に表現しようとしない防衛的な人や決断力に乏しく優柔不断な人に高くなる傾向があり，こちらも35点以上になると検査への信頼性が低くなる。

このような点を検討し，検査への妥当性を確認したら，つぎにエゴグラムの特徴を読む。エゴグラムの各尺度はそれぞれの自我状態を示し，各尺度の高低は心的エネルギーの強弱を示す。

ところで，各自我状態は，高得点が良くて低得点が悪いというものではなく，表15に示すように，それぞれに長所ととらえられるところと短所ととらえられるところの両面を持っている。このことを念頭に置きながら，5つの自我状態のどの尺度が高くてどの尺度が低いかに注目する。一番高い尺度は，日常の対人関係場面で，その人の行動パターンの主役を荷っていると考えられる。例えば，他の尺度のどれよりもCP尺度が高得点を示す人は，目標が高く，理想を追求し，責任感は強いが，反面，他人に厳しく，自分の価値観を相手に押しつける傾向のあることがうかがわれる。

つぎにプロフィールのパターンに注目する。パターン分類の作業手順は以下の通りである。

表15　各自我状態の長所・短所

| 得点が低い | | 自我状態 | 得点が高い | |
|---|---|---|---|---|
| ＋ | 物事にこだわらない | CP | ＋ | 良心に従う |
| － | いい加減である | | － | 建前にこだわる |
| ＋ | さっぱりしている | NP | ＋ | 思いやりがある |
| － | 気配りをしない | | － | おせっかい |
| ＋ | 素朴である | A | ＋ | 理性的である |
| － | 計画性がない | | － | 人間味に欠ける |
| ＋ | 素直である | FC | ＋ | 創造性に富む |
| － | 引っ込み思案 | | － | 自己中心的である |
| ＋ | 自主的に行動する | AC | ＋ | 協調性に富む |
| － | 自分勝手である | | － | 依存心が強い |

（新版TEG解説とエゴグラム・パターン，金子書房より筆者作成）

1) TEGプロフィール欄のパーセンタイル値を基準にして，図21に示すように，5段階にコード化する。
2) コード分類にしたがってパターンを描く（図21のプロフィール・パターンをコード分類で描いたのが図22である）。この場合，コード3と4の境界にある尺度はコード3と分類する。
3) 描かれたパターンをもとにパターンの分類をする（図23）。その手順は，まず1つの尺度だけが他の尺度よりも高い場合は優位型と分類する。
4) つぎに，1つの尺度だけが他の尺度より低い場合は低位型と分類する。
5) 2つあるいは3つの尺度が同程度に高いあるいは低い場合は混合型に分類し，パターンの形によって，台形型，U型，N型，逆N型，M型，W型のいずれかに分類する。
6) 5尺度がすべて同程度の時には平坦型とし，その位置する段階によって，高位平坦型，中位平坦型，低位平坦型とする。

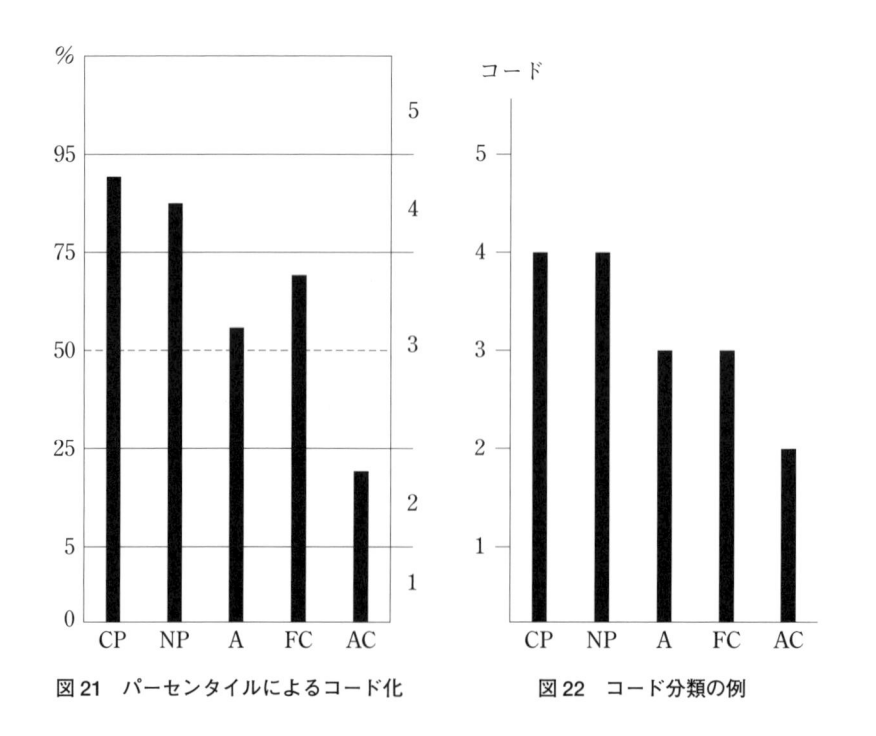

図21　パーセンタイルによるコード化　　図22　コード分類の例

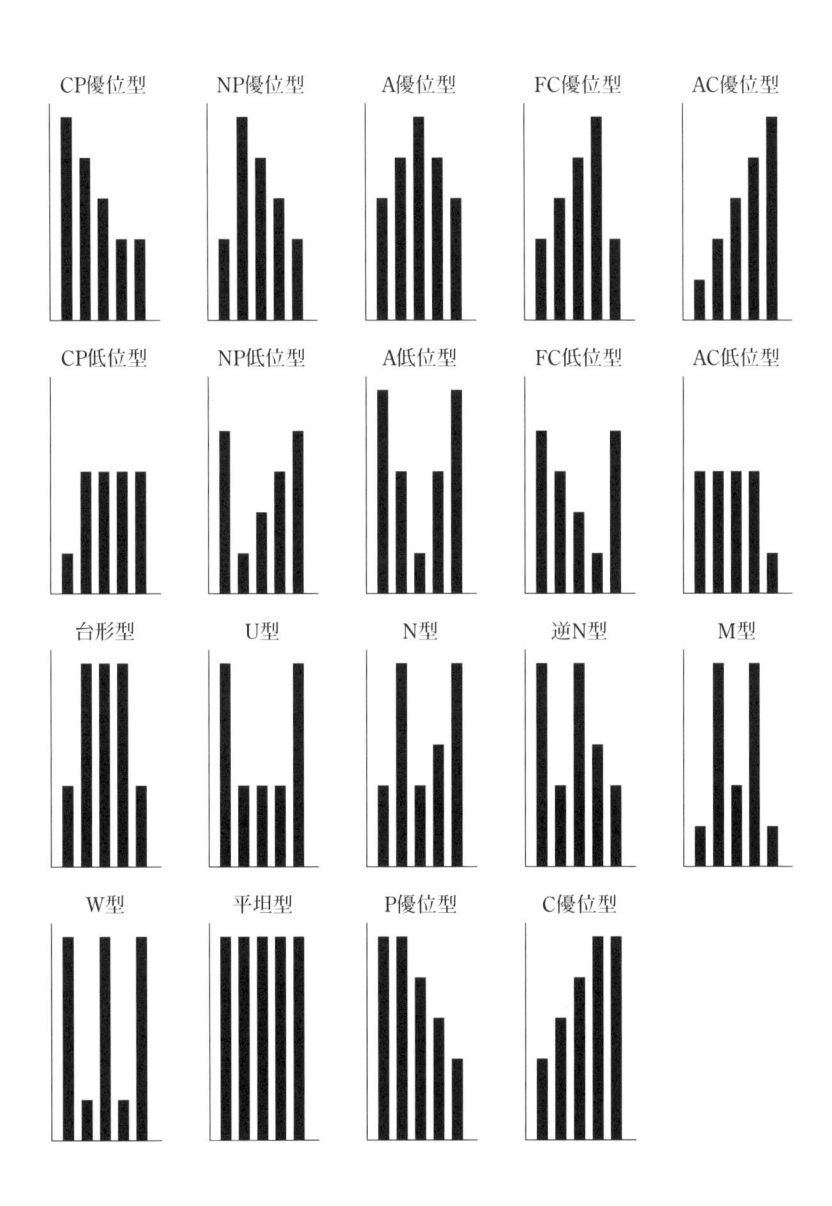

図23　TEGパターン分類
（新版TEG解説とエゴグラム・パターン，金子書房より）

7) 最後に，CPとNPが同程度に高い場合をP優位型，FCとACが同程度に高い場合をC優位型とする。
8) 以上でほとんどの場合は類型化できるが，分類不能の場合はもっとも近いパターンの亜型とする。

こうして得られたエゴグラム・パターンをもとに性格特徴を読む。CP，NP，A，FC，ACの優位型および低位型については，表15に各自我状態の基本的特徴を示しておいたので参照されたい。

混合型の台形型は，CPとACが低く，NP，A，FCが高いもので，他者への思いやりもあり自分も楽しむという自他肯定型の望ましいパターンの一つである。しかし，同じ台形型でも，NP，Aが高くて他が低い場合は，自己犠牲を払っても他者に尽くす傾向があり，また，A，FCが高くて他が低い場合は，他者への思いやりを欠くために自己中心的になりやすい。

U型は，NP，A，FCが同程度に低く，CPとACが相対的に高いもので，義務感，責任感，批判精神が強い反面，服従的で自己主張ができず，葛藤を溜め込む傾向があり，自他否定型のあまり望ましくないパターンの一つである。また，同じU型でも，NP，Aが低く他が高い場合は，葛藤を溜め込むことができず，衝動的，爆発的な行動を生じやすく，A，FCが低く他が高い場合は，葛藤を抱えながらも周囲に尽くすことで生きがいを見出そうとする傾向がある。

N型は，NPとACが同程度に高く，CPとAが相対的に低いもので，人に優しく世話やきで，人から頼まれると「いや」といえないタイプである。また，同じN型でも，NPとACが高くCPとFCが低い場合は，自分を抑えて人に尽くす傾向があり，葛藤を溜め込まないように注意する必要がある。一方，AとACが高く，CPとFCが低い場合は，仕事熱心ではあるが自分を楽しむことができない。

逆N型は，CPとAが同程度に高く，NPとACが相対的に低いもので，理想をかかげ，責任感や批判精神が強く，現実的，客観的に行動できるが，他者への優しさや思いやりに欠ける。また，同じ逆N型でも，CPとFCが高く，NPとACが低い場合は，人には厳しく自分には甘いという自己中心的な傾向を示し，一方，CPとFCが高く，AとACが低い場合は，人に厳しく自分に甘い点は似ているが，Aが低いために，現実吟味が悪く感情や気分に振り回されやすい。

M型は，NPとFCが同程度に高く，CP，A，ACが相対的に低いもので，人に優しく面倒見がよいと同時に，自分も楽しむ傾向があり，面白い人と好感を持たれやすいが，CPやAが低すぎると，社会のルールを無視して暴走しやすい。

　W型は，CP，A，ACが同程度に高く，NPとFCが相対的に低いもので，義務感，責任感，批判精神が強く，現実吟味も十分あるが，周囲に配慮し，充分に自己主張ができないので，葛藤を溜めやすく，U型と同様に自他否定型のあまり望ましくないパターンの一つである。

　平坦型は，5尺度すべてが同程度の高さを示すもので，すべてが高位置にある場合は，あらゆる面において心的エネルギーが高く，生活は意欲的，活動的であるが，がんばり過ぎると過労状態に陥りやすい。また，5尺度すべてが中程度の場合は，あらゆる面において平均的で中庸であるが，やや個性に欠けて面白みがないともいえる。また，5尺度すべてが低い場合は，全体的に心的エネルギーが少なく，何事にも消極的で引きこもりがちな傾向を示す。

　P優位型は，他のどの尺度よりもCPとNPが同程度に高いもので，義務感，責任感，批判精神が強く，同時に他者への思いやりや世話ができ，まさに厳しさと優しさをもった「親の鏡」であるが，ACが低すぎると，周りを無視して自分本位の行動をしやすい。

　C優位型は，他のどの尺度よりもFCとACが同程度に高いもので，大人になっても，いつまでも子どもの自我状態のままに振る舞い，気分本位に行動したり，いつも他者に依存する傾向がある。CPやAが低すぎると，責任感や現実吟味に欠け，社会のルールを無視するなど社会適応が難しくなる。

　以上，エゴグラム・パターンから読み取れる性格特徴を簡単に述べたが，このようなパターンに注目すると，その人の性格・行動の特徴をとらえやすい。ただ，解釈に当っては，各自我状態の高低には，すでに述べたように，プラスの面とマイナスの面の両面があるので，一方に偏ることなく，両者を公平に読み取るとともに，他の情報とも総合して多角的に解釈することが重要である。

<解説書及び参考図書>
　　東京大学医学部心療内科TEG研究会編：新版TEG実施マニュアル，金子書房（2002）
　　東京大学医学部心療内科TEG研究会編：新版TEG解説とエゴグラム・パターン，金子

書房（2003）

東京大学医学部心療内科 TEG 研究会編：新版 TEG 活用事例集，金子書房（2003）

# 10. 内田クレペリン精神検査

| 作 成 者 | 内田勇三郎 |
| --- | --- |
| 発 行 所 | 日本・精神技術研究所 |
| 対象範囲 | 標準型：中1～成人<br>児童型：小3～小6<br>幼児型：幼児～小2 |
| 検査時間 | 45分～60分 |

## 1）検査の概要

　本検査は，ドイツの精神医学者クレペリン（Kraepelin, E.）が精神作業の心理学的研究のために考案した連続加算法を，内田勇三郎が人格をアセスメントするための検査法として再構成し，独自の検査法として発展させたものである。そのねらいとするところは，1桁の数字の連続加算という単純な作業を通して，そこに現れる作業の仕方や作業結果から人格特徴をアセスメントしようとするものである。

　内田は，1920年代の中ごろより，この研究に取りくみ，1930年代に実用化されるに至って，臨床はもとより産業界や教育の現場でも次第に広く用いられるようになってきた。

　本検査の特徴としては，1）実施法が簡便であること，2）作業検査法であるために，被検者の意図的な操作が入りにくいこと，3）言語を用いないために，言語的なハンディを持つ者にも実施が可能なこと，4）結果の判定に，臨床診断を目的とした個別的判定法と成績の良否を問題としたスクリーニング的判定法の両方が用意されていること，5）集団的に実施すれば，短時間に多量の処理が可能であること，などがあげられる。

## 2) 検査内容

検査内容は，図24に示すように，1桁の数字が横にたくさん並んだものである。標準型は，横に116字，縦に34行あり，普及版は，横に91字，縦に34行である。被検者は，横にとなり合う数を加算し，その答えを2つの数字の間の下に書き入れる。答えが10の位にくり上がる場合には（児童用はくり上がらない），1位の数のみを記入する。このような方法で，前半15分，後半15分（1950年ごろまでは10分であった）を，1分ごとに行を変えながら，休まずに連続加算をするというものである。

## 3) 実施方法

### (1) 準備するもの

所定の検査用紙，鉛筆数本（万年筆，シャープ・ペンシルは不向き），ストップウォッチ。

### (2) 検査のすすめ方

```
(サキ)
→ 5786549685348947358769367487546935763894 8
  6547863849746876539836785638497654874396 8
  9768457938476538649475876597538746796375
  8347695387458948573963867845976487568376 3
  8759435786573869564765384973687658467937 5
  7489547863859648758376934785739748356876 3
  9685384975489367857638743986583694768539 6
  5963485759847539867547895638764865478 4
  3587689467438579647683786538479367859749 8
  6386954783684975387439657683793578546894 8
  4938735968465786749356876395834756489386 7
  7687385693478648758943846749859638658764 3
  8753869368564975483794576843967487568539
  8497648754786573689358745694738578376954
  3758936749857396487569473867953487693568 4
  5687538496786547694578934658739743758946 8
  7386749857389468359743867953478594568763 8
```

**図24　クレペリン検査用紙の一部**
（竹井機器工業KK）

検査の実施には特別の技術を要しないが，被検者に対して事前に充分やり方を理解させることが重要である。検査のためには，明るい静かな部屋を用意し，検査用紙を配布した後，「やり方」を説明する。個人的にも集団的にも実施することができるが，集団で実施する場合には，被検者20～50人に1名の検査補助者のつくことが望ましい。

　「やり方」の説明では，特に次の諸点を理解させる。

① 横にとなり合う数を加算し，その答えを2つの数字の間の下に書くこと。

② その場合に，1位の数のみを書くこと。

③ 1分ごとに行がえの合図をするから，「はい，行をかえて！」の「はい」の合図で次の行に移り加算を続けること。

④ できるだけ速く，たくさんするように努力し，「止め！」の合図があるまで休まずに続けること。

⑤ 数字や行をとばさないように注意すること。

　被検者がこれらの点を充分理解したら，練習に移る。練習は，主に「行がえ」の合図を徹底させるものであるから，20秒ごとに号令をかけ，2分間行う。なお，練習用の最初の1行は，最後まで書かせ，記入の要領を練習させる。

　練習が終ったら，1～2分間休憩して本検査に入る。「用意」「始め！」の合図で開始し，検査者は正確に時間を計りながら，1分ごとに「行がえ」の号令を出す。前半，後半とも，15分目は「はい，行をかえて！」と行がえの合図をした後，すぐに「止め！」と号令をかけ，作業を終らせる。中には，「止め！」の合図の後にも計算を続け，答えを書き入れる場合があるからである。特に集団実施の場合には，こうした処置が必要である。前半終了後5分間休憩をとり，後半15分間を前半と同様の手順で行う。

　本検査では，1分間の時間を正確に測ることが重要であるが，うっかりしていて1分を過ぎてしまった場合には，あわてずに，5秒あるいは10秒過ぎたところで「行がえ」の合図を出し，以後は1分ごとに行がえを行い検査を続ける。時間の超過した行はチェックしておき，検査後比例配分によって作業量を修正する。また，中には行をとばす被検者も時にはみられるが，とばしたところはそのままにして，作業を続けさせる。

　検査が終了したら，氏名その他の必要事項を記入させるとともに，検査時の

身体的,精神的な状態や感想なども聞いておく。結果を読む場合の参考になる。

## 4) 結果の整理

　結果の整理は,機械的に行えばよいので誰にでも簡単にできる。
　まず,作業曲線を描く。各行の加算が行われた最終個所の印刷された数字を○で囲み,これを赤鉛筆で結ぶと作業曲線が得られる。ただし,もし途中で計算をとばした個所があれば,その脱落数をさしひく。また時間を超過した行は,修正後の作業量によって最終位置を修正する。
　次に作業量を求める。各行ごとに加算した作業量を数え,その数を用紙右端の該当欄に記入する。また,これをもとに前半と後半の平均作業量を算出し,その位置を青鉛筆で記入する。
　作業量を求めたら,次に誤答の有無を調べる。各行ごとに調べ,もし誤答があれば,その数を数え,用紙右端の該当欄に記入する。そして前半と後半の平均誤謬量を算出する。一般に誤答のチェックはなかなか面倒な作業であるので,頻回に実施する場合には,あらかじめ各行ごとに正答のスケールを作っておくと便利である。また,集団実施のように,短時間で多量のデータを処理する場合には,前半と後半の中ごろの1行をそれぞれチェックし,誤答が1つもなければ,すべて正答とみなし,1つでもあれば,すべての行をチェックするといった手続をとることもできる。しかし,臨床場面では,こうした簡便法によらず全体を調べることが望ましい。
　最後に,休憩効果率,初頭努力率,動揺率等を算出する。これらは次の式によって算出される。
　　休憩効果率＝後半の平均作業量／前半の平均作業量
　　初頭努力率＝1分目の作業量／平均作業量
　　動揺率＝作業量の最大差／平均作業量
　初頭努力率と動揺率は,前半と後半のそれぞれについて計算する。また,V字型落込みの回数も計算する。この場合の基準は,その落込みがなかったと仮定した場合の平均振幅の1.5倍以上のものを1と数える。

## 5) 結果の読み方

　以上の結果をもとに判定を行うのであるが，これには臨床診断的判定法とスクリーニングのための判定法とがある。ここでは，前者を中心にそのポイントを要約する。

　ところで，結果を判定し臨床的解釈を行うためには，まず健常者の作業曲線にみられる常態定型曲線について知っておく必要がある。図25はそれを示すものであるが，健常者の場合は，前半，後半ともに第1分目の作業量が最も多く，次第にゆるやかに下降し，前半では7分目～10分目ごろから再び上昇傾向に転じ，後半では4分目～5分目に一度盛り上がりをみせるが，その後は下降する。しかし，最後の1，2分目になると再び盛り上がりがみられる。また後半の作業量が前半よりも10％ほど増加するのも特徴である。このような曲線の現れる背景について，内田は，被検者の1）意志緊張，2）興奮，3）慣れ，4）練習効果，5）疲労の諸要因が関与していると考えている。つまり，作業開始時の意志緊張により第1分目はとび出すが，その後は緊張と弛緩のリズムを伴いながら，次第に蓄積される疲労によって作業量は減少する。しかし，中ごろより終わりにかけて機能の興奮や慣れとともに，終末努力も加わり，再び作業量は増加する。休憩後は，前半の練習効果や休憩効果によって，更に作業量は増加するが，疲労の蓄積と共に意志緊張がゆるみ，一時的な作業量の増加が見られるものの全

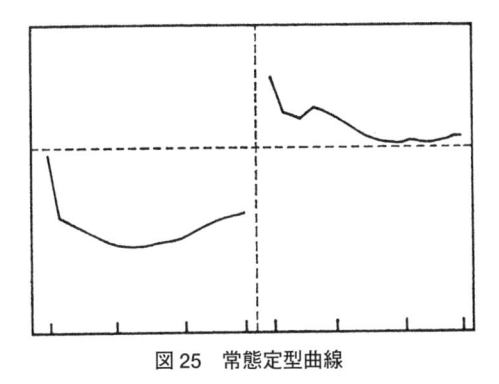

図25　常態定型曲線

体として作業量は下降傾向をたどる。

したがって、結果の臨床的解釈は、これらの要因の欠如や異常を手がかりにすすめられるが、その場合、以下の点に注目するとよい。

### (1) 作業量

作業量の多少は、一般に知能と関係があり、知的障害の有無を検討するのに役立つ。作業量は、表16に示すように、後半の平均作業量をもとに5段階に区分されるが、健常成人の平均作業量は45以上で、Aないしそれ以上の段階に属する。したがって、これよりもかなり低い段階、例えばC、Dの段階を示す場合には、何らかの知的障害が推測される。経験的にも、低知能者や痴呆性の高齢者などは作業量が少なく、大部分がこの段階に属する。

しかし、作業量の低下がいつも知的障害によると考えてはならない。その背景には、意志意欲の障害や情緒の不安定性、虚弱体質なども関与しているからである。それゆえに、知能検査で好成績を出しながら作業量の著しく低い場合とか、学歴や職歴に比べ低い作業量を示す場合には、こうした要因を考慮する必要がある。一般に、意志障害を伴う統合失調症や無気力型の神経症、性格にゆがみや異常のある者などは、作業量が低下しやすい。

### (2) 作業曲線

作業曲線の常態定型曲線からのゆがみは、初頭努力（第1分目のとび出し）の欠如、休憩効果の欠如、曲線の著しい動揺、極端な落込み（V字型落込み）、誤

表16 平均作業量の階段区分

| 作業量の段階区分 | 後半平均作業量 |
|---|---|
| AU | 70.0以上 |
| A | 69.9〜45.0 |
| B | 44.9〜30.0 |
| C | 29.9〜15.0 |
| D | 14.9以下 |

（横田象一郎：クレペリン精神作業検査解説、金子書房より）

答の多さなどとして現れる。そこで，これらのゆがみの有無やその大小にも注目する。

初頭努力は，作業開始時における"とっつきのよさ"や"よし，やるぞ"といった意志緊張と関係があり，健常人には必ずみられるものである。したがって，これがみられない場合には，何らかの性格のゆがみや精神的欠陥が疑われるが，特にこの欠如は分裂性性格や統合失調症，うつ病，うつ状態などにみられやすい。

休憩効果は，前半から後半に移る時の休憩によって，疲労が回復するとともに前半の練習効果も加わって，後半の作業量が増加する現象をいう。通常，後半の作業量は前半の作業量に比べ10％ほど増加するが，これがみられなかったり，逆に減少する場合には，何らかの精神的病態にあることが疑われる。

曲線の動揺は，心身機能の興奮と疲労，緊張と弛緩と関係があり，多少の動揺は普通にみられるものであるが，これが著しくなると，感情の動きの激しい性格や情緒の不安定性などが疑われる。

極端な落込みは，それまでスムーズに行われていた作業が，何らかの障害によって妨げられ，作業量が突然落込むもので，このような現象は，しばしば分裂性性格やてんかん性性格にみられやすいといわれる。

誤謬量は，通常，1行に1個ないしはそれ以下であるが，これが2個ないしそれ以上に増加すると問題になる。こうなると，単に不注意の域をこえて，注意集中困難やいいかげんな性格などが予想される。また，自己顕示的な人は，作業量をふやすことに心を奪われて誤謬量が増加しやすい。さらに，時間の経過とともに誤謬量も作業量もともに増加する場合には，自制心の弱い興奮しやすい性格傾向が疑われ，非行少年などにみられやすいといわれる。

なお，個々の曲線型は，常態定型曲線からのこうした逸脱の度合に応じて，いくつかの類型に分類される（表17）。これは，初頭努力の有無，動揺率，誤謬量，V字型落込みの有無，休憩効果率などから曲線型を客観的総合的に判定するものである。

結果の臨床的解釈は，以上に述べたような作業量や曲線型に現れる諸特徴を総合してすすめられるが，これには充分な臨床経験と熟練が必要である。また最終的な解釈にあたっては，本検査のみで判断せず，他の検査結果や情報と合せて総合的に解釈することが望ましい。

表17　総合判断表

| 曲線型 | AU | A | B | C | D |
|---|---|---|---|---|---|
| 定　型 | au | a | b | c | d |
| 準定型 | au' | a' | b' | c' | d' |
| 順々定型 | au" | a" | b" | c" | d" |
| 疑問型 | auF | aF | bF | cF | dF |
| 異常型 | auP | aP | bP | cP | dP |

（横田象一郎：クレペリン精神作業検査解説，金子書房より）

　なお，スクリーニング判定法については，下記の参考図書（日本・精神技術研究所編：内田クレペリン精神検査・基礎テキスト）を参照されたい。

＜解説書及び参考図書＞

　　横田象一郎著：クレペリン精神作業検査解説，金子書房（1962）

　　日本・精神技術研究所編：内田クレペリン精神検査・基礎テキスト，日本・精神技術研究所（1987）

# 11. ベンダー・ゲシュタルト検査（BGT）

| 作成者 | ローレッタ・ベンダー<br>(Lauretta Bender) |
|---|---|
| 発行所 | 三京房 |
| 対象範囲 | 6歳〜成人 |
| 検査時間 | 約10分 |

## 1）検査の概要

　本検査は，9種の簡単な幾何学図形を模写させることによって，そこに現れる模写の過程と結果から，被検者の人格特徴をアセスメントするものであり，1938年に，ベンダー（Bender, L.）によって考案された。

　その理論的背景は，ゲシュタルト心理学に負うところが大きい。ゲシュタルト学派の人々は，当時の要素主義や構成主義心理学を批判し，知覚経験は，それに対する刺激要素の単なるよせ集めではなく，それを超えた全体的なゲシュタルトによって成立することを強調した。ベンダーもこの立場にたって，こうしたゲシュタルト機能は，「有機体に統合された機能であり，それによって有機体は与えられた刺激の布置に全体として反応する」と考える。いいかえれば，その時々の外的条件である刺激状況と内的条件としての成熟度や知識，経験，自己像などが全体として作用し，反応のパターンを決定すると考える。したがって，簡単な図形の模写といえども，それは「刺激となる図形を単に正確に知覚し，再生することではなく，刺激と有機体の関連において過去の経験を統合する」作業であるという。それゆえに，この模写の過程や結果を分析することによって，被検者のゲシュタルト機能の発達度やその崩壊過程，さらには，それらに影響を与える性格のゆがみや疾病の臨床診断に有益な情報を得ることができると考えられる。

本検査の特徴としては，1）検査時間の短いこと，2）実施方法が簡単であること，3）言語に障害をもつ者にも実施できること，4）発達障害や器質的疾患のアセスメントに有効であること，などがあげられる。

## 2) 検査内容

本検査は，図26に示すような幾何学図形の描かれた9枚の図版カード（日本版では，1枚のカードは10×15cm）と1枚の模写用白紙（29×21cm）からなる。この白紙の上に，1枚ずつ提示される図形を，できるだけありのままに模写することが被検者の課題である。

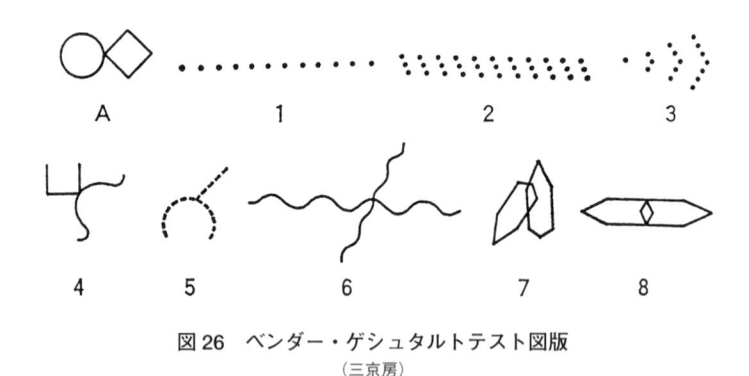

図26　ベンダー・ゲシュタルトテスト図版
（三京房）

## 3) 実施方法

### (1) 準備するもの
所定の検査用具（図版カード9枚），模写用白紙1枚，2Bの鉛筆数本，消しゴム，ストップ・ウォッチ。

### (2) 検査のすすめ方
静かな部屋を用意し，被検者の緊張をほぐしてから，次のような教示を与える。「ここに9枚の図形の描かれたカードがあります。これから1枚ずつ見せま

すので，この白紙の上に見たままを描いてください。スケッチをするのではありません。この通りに描くのです。時間の制限はありません。」この時，他のカードの図形が被検者に見えないようにするために，前もって，カードAを一番上に，次に若い番号を上にして伏せて置いておくとよい。また提示するカードは被検者の右上に置き，模写用紙は縦に置く。特にこれらの位置は変えないことが大切である。

しかし，時に図形カードや模写用紙の位置を回転させようとする被検者もいる。このような場合は，「いけません」と注意をするが，それでもなお回転させる場合には，そのままにし，そのことを記録しておく。また「どこから描くのか」「どの位の大きさに描くのか」など種々の質問の出る場合もある。これらの質問には，「自分の思うようにしてください」と答える。時間は採点の対象にはならないが，あまりにも速すぎたり，遅すぎることは有益な情報となるので，全体の検査時間を記録しておくとよい。また検査中にみられる被検者の特異な行動や質問，表情や態度，図形カードや模写用紙の回転，位置の変更なども記録する。

以上がベンダーの原法であるが，この他には，再生法（原法によって模写させた後に，図版カードを取り除き，記憶をたどってもう一度模写させるもの），ハット法（3段階からなり，第1段階は原法で行い，第2段階はもう一度図版カードを見せ，被検者が好きなように自由に模写させ，第3段階は原図形と被検者が変形して描いた図形を見せ，それが「何に見えるか」をたずね，その連想を語らせるというもの），瞬間露出法（瞬間露出器を利用して行うもの），連想法（描かれた図形について自由に連想させるもの），集団検査法（スライドを用いて図形をスクリーンに投射して行うもの）などがある。しかし，これらはあまり一般的ではないし，紙数の都合もあるので，ここでは省略する。

## 4）結果の整理

結果の整理法として，日本で最も広く用いられている方法は，11歳以上の児童と成人を対象としたパスカル・サッテル法と5歳〜10歳の幼児・児童を対象としたコピッツ法である。それぞれの概略を次に述べる。

## (1) パスカル・サッテル (Pascal, G.R.& Schachtel, E.G.) 法

模写用紙に描かれた図形1〜図形8を，表18に示すような採点アイテムにしたがって採点する。図形Aは全体の構成の場合を除いては採点しない。判断基準は「手引書」によるが，判断に疑問のある場合は，分度器や拡大鏡を用いて入念に検討する。しかし，それでも疑問の残る場合は，「疑わしきは採点しない」ことを原則とする。得点は採点アイテムによって重みづけが異なるが，記録用紙には，各図形に対応する採点アイテムと重みづけされた得点とが印刷されているので，採点者は，図形のゆがみの出現に応じて該当する得点を○でかこめ

表18 パスカル法の採点アイテム

| 採点項目 | 図形 | 得点 | 採点項目 | 図形 | 得点 |
|---|---|---|---|---|---|
| ボツ点，ダッシュ，小円の混在 | 1,3,5 | 3 | 非対称 | 3,6 | 3 |
| ダッシュに変形 | 1,3,5 | 2 | 弧線の非対称 | 4,5 | 3 |
| 小円に変形 | 1,3,5 | 6 | 角度のない矢 | 3 | 8 |
| ダッシュまたは点に変形 | 2 | 3 | 角の欠如 | 7,8 | 3 |
| ボツ点の数の過不足 | 1,3,5 | 2× | 不必要な角 | 7,8 | 3 |
| 小円のふるえ，変形 | 2 | 3 | 線の二重 | 6,7,8 | 1× |
| 小円の移植 | 2 | 6 | 不必要なボツ点，ダッシュ | 7,8 | 3 |
| 波状になっている | 1,2 | 2 | 加筆修正 | 4,6 | 8 |
| 行列が2行になる | 1 | 8 | 補助線 | 2〜8 | 2 |
| 2線に描かれる | 2 | 8 | くり返し | 1〜8 | 3× |
| 小円の列の誤り | 2 | 3 | 太く描きすぎ | 1,2,3 | 2 |
| 縦の行列の過不足 | 2 | 2× | | 5,6,8 | |
| 傾斜の逸脱 | 2 | 3 | ふるえ | 4,6,7,8 | 4 |
| 余分の矢の行 | 3 | 8 | 回転 | 1〜8 | 8 |
| 弧線と方角のずれ | 4 | 1 | 図形の誤り | 1〜8 | 8 |
| 弧線の回転 | 4 | 3 | 歪み | 3〜8 | 8× |
| 弧線と方形の重複，不接触 | 4 | 8 | 図形Aの位置 | 〈全体の構成〉 | 2 |
| ボツ点からの外延 | 5 | 2 | 図形の重複 | | 2× |
| 外延の回転 | 5 | 3 | 圧縮 | | 3 |
| 交差点のずれ | 6 | 2× | 区分するための線 | | 8 |
| 端の不接合 | 7,8 | 8 | 順序 | | 2 |
| 弧線の切断 | 4 | 4 | 無秩序 | | 8 |
| 弧線のちぢれ | 4 | 4 | 図形の不釣合 | | 8 |
| 波状の角ばり | 6 | 2 | 合計得点 | | |
| 余分な波状 | 6 | 8 | | | |

(高橋省己：ハンドブック　ベンダーゲシュタルトテスト，三京房より)

ばよい。こうして各図形および全体の構成をチェックし，それぞれの小計を出し，合計して総得点（BGT得点）を算出する。

### (2) コピッツ（Koppitz, E.M.）法

コピッツ法の採点アイテムは，表19に示すように30項目からなるが，パスカル・サッテル法と異なり，採点は「ある」か「ない」かの2件法で行われる。またコピッツ法では，図形Aも採点する。記録用紙には，各図形ごとに採点アイテムとその判定基準が印刷されているので，それにしたがってチェックし，該当するゆがみがあればその項目の後の空欄に○印をつけ，なければ×印を記入する。採点は○を1点，×を0点とし，○の数を合計して総得点を出す。ここでも疑わしきは採点しない。

なお，記録用紙は，パスカル・サッテル法は成人用，コピッツ法は児童用として発売されている。

**表19 コピッツ法の採点アイテム**

| 図形 | No. | 採点項目 | 得点 | 図形 | No. | 採点項目 | 得点 |
|---|---|---|---|---|---|---|---|
| 図形 A | 1a | 形の歪み |  | 図形 V | 15 | 形の歪み |  |
|  | 1b | 寸法の不釣合 |  |  | 16 | 回転 |  |
|  | 2 | 回転 |  |  | 17a | 統合の失敗 |  |
|  | 3 | 統合の失敗 |  |  | 17b | 統合の失敗 |  |
| 図形 I | 4 | 形の歪み |  | 図形 VI | 18a | 形の歪み |  |
|  | 5 | 回転 |  |  | 18b | 形の歪み |  |
|  | 6 | 固執 |  |  | 19 | 統合の失敗 |  |
| 図形 II | 7 | 回転 |  |  | 20 | 固執 |  |
|  | 8 | 統合の失敗 |  | 図形 VII | 21a | 形の歪み |  |
|  | 9 | 固執 |  |  | 21b | 形の歪み |  |
| 図形 III | 10 | 形の歪み |  |  | 22 | 回転 |  |
|  | 11 | 回転 |  |  | 23 | 統合の失敗 |  |
|  | 12a | 統合の失敗 |  | 図形 VIII | 24 | 形の歪み |  |
|  | 12b | 統合の失敗 |  |  | 25 | 回転 |  |
| 図形 IV | 13 | 回転 |  | 合計得点 |  |  |  |
|  | 14 | 統合の失敗 |  |  |  |  |  |

（高橋省己：ハンドブック　ベンダーゲシュタルトテスト，三京房より改変）

## 5) 結果の読み方

　結果の解釈は，主として採点アイテムによって得られたBGT得点と各図形の模写に現れる逸脱や描きすぎ，ゆがみなどの特徴をもとになされる。

　BGT得点は，これまでの研究によると，大脳皮質機能の発達や崩壊と関係が深く，それゆえに，人格の発達度や脳の器質的損傷をはじめ，ある種の精神障害や情緒障害の1つの補助的な診断指標になると考えられている。

　BGT得点の発達的変化については，パスカル（Pascal, G.R.）によると，15歳前後までは年齢とともに減少し，その後50歳位までは正常成人値として平均20前後を維持し，その後60～70歳の高齢になると再び増加するという。これをそのまま我が国に適用することはできないが，児童を対象とした沖野，村田らの研究も人生の前半における得点傾向はほぼ同様の傾向を示しており，参考になる。

表20　パスカルによる年齢別 raw score（佐藤1975）

| 年齢 | N | パスカル raw score |
|---|---|---|
| 6.3～7.2 | 20 | 95 |
| 7.3～8.2 | 14 | 70 |
| 8.3～9.3 | 12 | 52 |
| 15～19 | 84 | 19.0 |
| 25～29 | 40（高卒） | 15.5 |
| 35～39 | 15（高卒） | 20.7 |
| 45～50 | 8（高卒） | 17.6 |
| 60～70 | 3 | 35.7 |

表21　各研究者による臨床群別BGT得点（佐藤1975より改変）

|  | 正常 | 神経症 | 分裂病 | てんかん | 進行麻痺 | 精神薄弱 |
|---|---|---|---|---|---|---|
| 沖野 | 50.0 | 61.7 | 68.1 | 98.1 | 84.5 | 103.8 |
| 栗林・岩井 | 26.4 | 26.4 | 54.6 |  | 90.9 |  |
| 武川 | 25.4 |  | 70.6 | 93.6 | 102.1 |  |
| 広中・中村 | 20.2 |  | 65.8 |  |  | 126.5 |
| 佐藤 | 21.8 | 41.4 | 61.4 | 81.3 | 70.3 | 100.7 |

しかし，我が国の正常成人値については，研究者によって20～50の幅がある。
　一方，障害の診断指標としてのBGT得点については，臨床各群との比較研究によると，研究者によって多少の差異はあるが，全体的傾向としては，脳の器質的疾患群ほど高得点を示す傾向にある。一般に，BGT得点が90～100を超える場合には，器質的障害の存在を疑うことができよう。しかし，損傷部位によって得点の現れ方は異なり，また他の要因によっても影響を受けるので，得点のみで判断してはならない。さらにまた臨床各群を集団として比較する場合には有意な得点差も，個々のケースにたちもどるとあいまいになる。
　これらの点を補うとともに検査上に現れる人格特徴を読み取るためには，BGT得点に加えて，模写された図形の全体の構成や個々の特徴に注目する必要がある。例えば，各図形があまりにも過度に規則的に描かれていれば強迫性格や強迫神経症が，逆に不規則で混乱していれば統合失調症や中毒者などが想像されよう。また図形が全体に拡大していれば独断的，自己主張的傾向が，縮小していれば消極的，受動的傾向がうかがわれる。線質の強弱やふるえにも性格特徴が現れる。強く押しつけて終わりに細くなる場合は敵対的衝動を，筆圧も弱く，うすれている線は臆病，不安，引っ込み思案を，ふるえた線は緊張や不安の統制の弱さを示すといわれる。また図形の回転や保続傾向は，器質的な脳疾患にしばしば見られやすい特徴である。この他には，図形の単純化や断片化，精細化，重なり，形の崩れなど個人の特徴を読み取る手がかりがある。これら個々の要因の意味づけについては，ハット（Hutt, M.）のすぐれた研究がある。詳細は久間（井村編：臨床心理検査法）を参照されたい。また，高橋は，下記の参考図書の中で，日本における正常児や精神障害者のBGT特徴を報告しているので，これも参照されたい。
　以上のように，解釈はこれらの諸特徴を総合して行われるが，本検査は，もともと視覚運動系のゲシュタルトを通して，人格の発達度や崩壊の度合いを測定するところにそのねらいがある。したがって，上述のような投影法的あるいは象徴的解釈においては，本検査の独自性と限界を充分考慮し，その行過ぎや独善に陥らないように注意しつつ，他の検査結果や情報とあわせ解釈することが望ましい。

＜解説書及び参考図書＞

　　高橋省己：ハンドブック・ベンダー・ゲシュタルト・テスト，三京房（1985）

　　久間利昭：ベンダー・ゲシュタルト・テスト，井村恒郎監修「臨床心理検査法」，医学書院（1988）

# 12. ロールシャッハ検査

| 作成者 | ヘルマン・ロールシャッハ<br>（Hermann Rorschach） |
|---|---|
| 発行所 | ハンス・フーバー社<br>（日本文化科学社） |
| 対象範囲 | 幼児～成人 |
| 検査時間 | 40分～50分 |

## 1) 検査の概要

　本検査は，通称「ロ・テスト」とも呼ばれ，現在，TAT（絵画統覚検査）とともに，臨床場面で最も広く用いられている投影法の人格検査である。その目的とするところは，偶然にできた「インクのしみ」を被検者にみせ，それが何に見えるかをたずね，それに対する被検者の意味づけの過程や反応内容を手がかりに，人格特徴をアセスメントしようとするものである。

　1921年に，スイスの精神科医であるロールシャッハ（Rorschach, H.）によって考案され，「精神診断学（Psychodiagnostik）」として公刊された。それ以来，世界各国の多くの研究者によって研究が進められてきたが，特に本法の発展にはアメリカの心理学者のベック（Beck, S.J.）やクロッパー（Klopfer, B.）の貢献によるところが大きい。

　本検査の特徴としては，まず第1に，刺激図版のあいまいさと検査構造が構造化されていないことがあげられる。これらは，多かれ少なかれ他の投影法に共通するものであるが，特に本検査では，インクのしみという刺激図版のユニークさのゆえに特徴的である。このために，被検者は，どこに何をみるべきか，どのように反応すべきか，すべては自分流のやり方でしか行動できず，そこに，その人の人格特徴が投影されることになる。第2の特徴は，こうした検査構造の

故に，質問紙法にみられるような意識的な操作が入りにくく，より深層の無意識の側面が現れやすい。また人格の構造的，力動的な面をとらえるのにすぐれている。第3の特徴は，結果の整理にあたって，すぐれた分類体系をもち，数量化，客観化の試みがなされていることである。このために他の研究者の資料と比較検討が容易である。

我が国においては，1940年代の中ごろより本検査法の適用と研究が盛んとなり，独自の刺激図版をもつ「早大式」や独特な分類体系をもつ「阪大式」などが発表されたが，現行では，クロッパーの技法に準拠した「片口法」が広く用いられている。ここでは，「片口法」を中心に述べる。

## 2) 検査内容

白紙にインクを落とし，この紙を2つに折って広げると，図27に示すような左右対称なインクのしみができる。検査は，このようなインクのしみの描かれた10枚の図版からなる。これらは，ロールシャッハによって多数の模様の中から経験的，意図的に選ばれたものである。

これら10枚の図版には，提示順序にしたがって番号がⅠ，Ⅱ，Ⅲ……と付けられており，図版Ⅰ，Ⅳ，Ⅴ，Ⅵ，Ⅶは黒色のみ，図版Ⅱ，Ⅲは赤と黒の2色，図版Ⅷ，Ⅸ，Ⅹは多彩色で描かれている。検査者は図版Ⅰより順じ提示し，それが何に見えるかを問う。

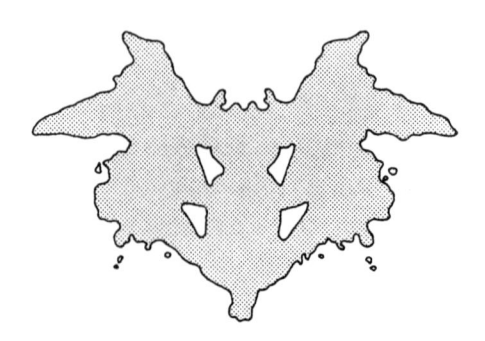

図27　ロールシャッハテスト図版

## 3) 実施方法

### (1) 準備するもの

検査図版（現在はスイス版が用いられる），反応記録用紙，整理用紙，ロケーション・チャート（市販のものは，これらは反応記録用紙とセットになっている），ストップ・ウォッチ，筆記用具等。

### (2) 検査のすすめ方

検査の実施過程は，大別，①自由反応段階，②質疑段階，③限界吟味段階の3段階からなる。

#### ①自由反応段階

検査者は，被検者が安心して落着いて検査に参加できるように，適切な会話によって緊張を解きほぐしてから，次のように教示を与え，検査を開始する。

「ここに10枚の図版があります。これらの図版には，偶然にできたインクの模様が描かれています。全く偶然にできたものですから何に見えてもかまいません。それらがあなたに，何かのようだとか，何かに見えると思われたら答えてください。ではこれから1枚ずつ見せますので，なるべく両手に持って自由に見てください。何かに見えてきたら思いつくままに教えてください。」

なお，この教示の表現は，被検者の年齢や知能程度に応じて，より自然な表現に変えることが望ましい。また，図版は提示順序にしたがって，若い番号を上にして伏せて置いておくとよい。教示をいい終ったら，すぐに図版Ⅰを被検者に手渡す。

こうして自由反応段階が始まるが，この段階で得られた反応がすべての基礎資料となるので，この段階では，被検者の連想を妨げるような余計な刺激や誘導的，暗示的な問いかけは一切さけ，被検者が自由に反応できるようにする。したがって，この段階の初期にしばしば見られる「全体的に見るか，部分的に見るか」，「図版をまわしてもよいか」などの種々の質問には，すべて自由であるから「好きなようにしてよい」と答える。

検査者は，図版を手渡すと同時に時間を計り始め，最初の反応の現れるまでの時間（初発反応時間）と被検者が「もう他にありません」と図版を置くまでの時間（反応終了時間）を測定し記録するとともに，被検者の言語的反応のすべてをできるだけ正確に記録する。その場合，図版に対するそれぞれの反応がどのような位置で生じたかを示すために，反応ごとに図版の位置も記入しておく。通常，正位置であれば∧，逆であれば∨，横向きでは＞，＜などの記号が使われる。また検査中に見られる印象的な表情，態度，動作なども記録しておくとよい。

図版を見る時間には制限はないが，多くの場合，1枚の図版に3分かければ充分である。あまり長くなりそうな場合でも5分以内にとどめ，逆に早すぎる場合には，「もう少し見てください」と促す。それでも1分たって反応が生じなければ次の図版に移る。このようにして図版Ⅰ～図版Ⅹまでを実施する。

②質疑段階

自由反応段階が終ると，続いて質疑段階に移る。この段階の目的は，自由反応段階で得られた反応について，検査者が，被検者の見たまま，思ったままに理解することにある。このために，検査者はいくつかの角度から質問を行う。そこで，次のような教示を与え，再び図版Ⅰより開始する。

「いろいろ答えてくれましたが，それらが図版のどこに見えたか，どうしてそんなふうに見えたか，ということについておたずねします。では，もう一度図版をはじめから1枚ずつ見せますので，私の質問に答えてください。」

教示に続いて図版を見せながら，検査者は，各反応が図版のどこに見えたか（反応領域），何を手がかりにそう見えたか（反応決定因），何に見えたか（反応内容）を確かめていく。これらが，解釈のために必要な分類・記号化の基礎資料となるので，この作業は正確かつ充分に行わなければならないが，そのためには，あらかじめ分類法をよく理解しておく必要がある。しかし，ここでの質問は，あくまでも被検者の見たままを理解することにあるので，誘導的になったり，正確さをきたすあまりに，質問をしすぎてはならない。特に，どこまで深く質問するかは，本検査の実施に当って最も熟練を要する問題である。不充分な質問では，分類に必要な正確な資料が得られず，質問をしすぎると，被検者のイメージをゆ

がめたり，種々の防衛的な反応を生じさせたりするからである。

　検査者は，自発的に生じた反応と種々の質問によって生じた反応を区別しながら，被検者の言語的反応をできるだけ詳しく記録する。また反応領域については，ロケーション・チャートにその部分をかこみ（全体反応は記入しない），反応番号をつけておく。

　③限界吟味段階

　この段階は，自由反応段階や質疑段階で充分言及されず，疑問のままに残された点について，例えば，全体反応が見られないのは何故か，色彩や動きに言及しないのは何故か，平凡反応や人物反応が見られないのは何故かなどを明確にするために，検査者が積極的に直接的，指示的な質問をして確かめる段階である。しかし，ここで得られた情報は，あくまでも解釈する上の補助的なものであって，基本的な分類や採点には影響を与えない。したがって，状況に応じてこの段階は省略されることもある。また，繰り返し検査の必要な場合には，むしろこの段階は実施しない方がよい。

　限界吟味のすすめ方は，基本的には質疑段階と同様に，細心の注意をはらって余分な不安や脅威を与えないようにしてすすめることである。また単刀直入に質問をするよりも，少しずつヒントを与えてその見え方を吟味すると，一層その人らしさが現れやすい。

## 4) 結果の整理

　まず，自由反応段階と質疑段階で得られた資料をもとに，各図版の各反応を所定の分類法にしたがって分類（記号化）する。分類は，一般に，①反応態度要因，②反応領域，③反応決定因，④反応内容，⑤形態水準等について行う。それぞれの分類体系の概略を表示すると次の通りである（表22,23,24）。

　反応態度要因とは，主として被検者の検査への態度や興味が現れやすい要因で，反応数や反応時間，図版の位置や回転，反応拒否などが含まれる。特に反応拒否については，拒否的態度によるものか，努力したにもかかわらず無反応

**表22　反応領域の分類**

| 大カテゴリー | | 下位カテゴリー | 名称 |
|---|---|---|---|
| 全体反応 | W | W | 普通全体 |
| | | W | 切断全体 |
| | | DW | 作話全体 |
| 普通部分反応 | D | D | 普通大部分 |
| | | d | 普通小部分 |
| 異常部分反応 | Dd | dd | 微小部分 |
| | | de | 外縁 |
| | | di | 内部 |
| | | dr | 稀有 |
| 空白反応 | S | S | 空白・間隙 |

（片口安史：新心理診断法，金子書房より）

**表23　反応決定因の分類**

| 大カテゴリー | | | 下位カテゴリー | 名称 |
|---|---|---|---|---|
| 形態反応 | | F | F | 純粋形態 |
| 運動反応 | | M | M | 人間運動 |
| | | | FM | 動物運動 |
| | | | m | 無生物運動 |
| 色彩反応 | 色彩反応 | C | FC | 形態色彩 |
| | | | CF | 色彩形態 |
| | | | C | 純粋色彩 |
| | 黒白反応 | C' | FC' | 形態黒白 |
| | | | C'F | 黒白形態 |
| | | | C' | 純粋黒白 |
| 陰影反応 | 材質反応 | c | Fc | 分化材質 |
| | | | cF | 未分化材質 |
| | | | c | 無形未分化材質 |
| | 立体通景反応 | K | FK | 通景 |
| | | | KF | 拡散 |
| | | | K | 無形拡散 |
| | 弱立体反応 | k | k | 弱立体 |

に終ったのかを区別しておくとよい。反応領域の分類に当っては，特に普通部分反応のとりあつかいに注意する必要がある。これは，統計的にその部位が決められているので，「普通部分領域指定図」にしたがって分類する。反応決定因については，しばしば2つ以上の決定因にまたがることがある。この場合は，被

表24　反応内容の分類

| 人間 | H<br>(H)<br>Hd<br>(Hd) | 人間<br>非現実的人間<br>人間の部分<br>非現実的人間の部分 | At<br>解剖 | Atb<br>Ats<br>X-ray<br>A・At | 骨格解剖<br>内臓解剖<br>X線写真<br>動物解剖 | その他 | Map<br>Lds<br>Art<br>Abst<br>Bl<br>Cl<br>Fire<br>Expl | 地図<br>風景<br>芸術<br>抽象<br>血液<br>雲・煙<br>火<br>爆発 |
|---|---|---|---|---|---|---|---|---|
| 動物 | A<br>(A)<br>Ad<br>(Ad) | 動物<br>非現実的動物<br>動物の部分<br>非現実的動物の部分 | その他 | Aobj<br>Obj<br>Pl<br>Sex<br>Na<br>Arch | 動物製品<br>物体<br>植物<br>性器<br>自然<br>建造物 | | | |

　検者が自発的に指摘したものを主分類とし，他を副分類として主分類の後に続けて書く。しかし，どちらも自発的に述べられたもので主決定因を決めがたい場合には，原則として，自由反応段階で出現した決定因を優先させ，決定因相互の間では優先順位を人間運動反応（M）＞動物運動反応（FM）＞色彩反応（FC，CF，C）とする。反応内容の分類は，表中に示したものの他に，平凡反応（P）と独創反応（O）を記号化する。平凡反応は，比較的多くの人に共通に見られる反応で，統計的にその内容と反応領域が決められている。記号化は平凡反応のリストを参照しながら行う。独創反応は非常にユニークで独創的な反応に与えられる。形態水準とは，反応内容とインクのしみとの一致度や明細化（説明）の適切さ，全体の構成の統合度などがどのような水準にあるかを示すもので，通常，＋（非常にすぐれているもの），±（普通程度の反応），∓（やや不良なもの），－（病的な反応）の4段階で評価される。形態水準は形態を持つすべての反応に与えられ，主決定因の後に＋，±，∓，－などの記号をつける。

　なお，分類に当たっては，単に機械的に記号化するのではなく，それぞれの記号のもつ意味を充分考慮しながらすすめることが重要である。次に分類例を示す（表25）。

　このような分類・記号化の手続きが終ると，次に，所定の記録整理用紙（Rorschach Record Sheet）にしたがって各記号を整理し，必要な量や割合を算出して表26に示すSummary Scoring Table（まとめの表）の該当欄に記入する。

表25　反応の分類例

| 図版 | 自由反応段階 | 質問段階 | 分類 |
|---|---|---|---|
| I | こうもりのよう | 全体，ここが羽で，ここが胴体。 | W　F±　A　P |
| II | ピエロが踊っているような感じ | 二人いて，ここが顔で赤くお化粧をしている。手を合わせておどけている。 | W　M±FC　H　P |

表26　Summary Scoring Table の記入例

| | | | | | |
|---|---|---|---|---|---|
| R (total response) | 47 | W:D | 10:29 | FC+CF+C : Fc+c+C' | 7.5:10.5 |
| Rej (Rej/Fail) | 0 ( / ) | W% | 21 | FM:M | 9.5:10.5 |
| TT (total time) | 23'03" | Dd% | 9 | F%/ΣF% | 26/96 |
| RT (Av.) | 2'18" | S% | 9 | F+%/ΣF+%/R+% | 100/98/94 |
| R₁T (Av.) | 8.1" | W:M | 11:10.5 | A% | 40 |
| R₁T (Av. N. C) | 5.4" | ΣC:M | 5.75:10.5 | At% | 0 |
| R₁T (Av. C. C) | 10.8" | Fc+c+C' : FM+m | 10.5:12.0 | P (%) | 7.5 (16%) |
| Most Delayed Card & Time | II ▲ VIII 15" | VII+IX+X/R | 32 % | Content Range | 7 |
| Most Disliked Card | II | FC:CF+C | 4.5:2 | Determinant Range | 8 |
| | | | | ⊿% | |
| | | | | 修正 BRS | |
| | | | | RSS | |

Psychogram

M　FM　m　k　FK　K　F　Fc (Primary F. Shading)　c　C'　FC　CF　C

Movement　Diffusion and Vista　Form　Texture and Achromatic Color　Chromatic Color

（片口安史：新心理診断法，金子書房より）

## 5）結果の読み方

　解釈は，通常，1）形式分析，2）内容分析，3）継列分析の結果を総合してすすめられる。そのためには，各記号の意味を充分理解しておくと同時に，各反応がどのような心理的背景の中で生じたのかを共感的，了解的に理解しようとする態度が必要である。そして検査上に現れる種々の異なる特徴を関連づけ意味づけ，それらを統合していくための理論的枠組みをもっておくことも必要である。

### （1）形式分析

　ここでは，反応数や反応時間，反応領域，反応決定因，反応内容，形態水準などが，どのような特徴を示しているかをみる。

　反応数や反応時間（特に初発反応時間），さらには反応拒否や図版の回転などは，主として，被検者の検査への態度や興味関心を反映する。検査に協力的で積極的な関心をもち，開放的に行動できる人は，反応数も多く，時に図版を回転させながら，比較的速いテンポ（初発反応時間）で反応し，1枚の図版にもある程度の時間（反応時間）をかけるであろう。一方，検査への抵抗をもち防衛的，逃避的な人は，反応数も少なく，反応時間も短く，しばしば反応拒否を示すであろう。また，多い反応数には，精神活動の豊かさ，気分の高揚，顕示性など，少ない反応数には，精神活動の貧困さや抑うつ気分などが反映されやすい。同様に，初発反応時間の遅れには，抑うつ気分や抑制傾向が，速い初発反応時間には，精神活動の活発さや衝動性などが反映される。また反応終了時間は，検査への関心が強い場合や慎重な態度，防衛的態度などによって増大し，無関心や非協力の場合には減少する。したがって，どれが最も妥当であるかは，検査状況や他の情報と関連づけて解釈されなければならない。

　反応領域は，被検者の現実把握の仕方や思考活動の様式を知る手がかりを与えてくれる。全体反応Wは，図柄全体を1つにまとめた反応で，構成力のすぐれた（形態水準の高い）Wを多く示す人は，知的水準も高く，現実を総合的，抽象的にとらえやすく，一方，未分化な（形態水準の低い）Wを多く示す人は，知的水準も低く，無反省で現実を漠然ととらえやすいであろう。普通部分反応D

は，比較的区切りやすい領域への反応であるから，一般に格別の能力や努力を要しない。したがって，D反応の多い人は，平凡で常識的な人といえる。異常部分反応Ddは，ごく細部の領域（dd）や図柄の内部（di），外縁（de）に反応したり，強引に区切ったり結合したりする（dr）反応で，細部へのこだわりや不安，過敏性，自己中心性などを反映する。空白反応Sは，通常，背景として見られる空白部分への反応で，何らかの反抗的傾向を反映すると考えられ，外向的な人のS反応は挑戦，反抗，拒否の傾向を，内向的な人のS反応は自己批判，自己不確実感を現しやすいといわれる。

反応決定因には，形態，運動，色彩，濃淡などがあるが，これらは，情緒的な体験様式や統制力，感受性や気分の色調，社会性や人間関係のあり方など，主として被検者の情緒的側面を知るのに役立つ。形態反応Fは，他の手がかりを無視して，単に図柄の形態的特性のみに反応するもので，その出現が多すぎると，情緒的な抑制過剰，感受性の乏しさ，紋切り型の性格などを示し，少なすぎると，情緒の不安定性や外界への過敏さを示す。運動反応Mは，刺激特性としては与えられていない"動き"への反応であって，一般的に内的世界のあり方を示し，想像力や知的活動と関係がある。このうち，人間運動反応Mは内的統制力や他者への共感性，発達度などを示し，動物運動反応FMは精神活動の自由さ，子どもっぽい欲求充足傾向，衝動性を，無生物運動反応mは漠然とした不安，緊張感を示す。これに対して色彩反応Cは，すでに与えられていて，目につきやすい刺激への反応で，外界に対するかかわり方や感受性，情緒性などを反映する。このうち，形態優位の色彩反応FCは，安定した情緒性や外的統制力を示し，形態よりも色彩が優位（CF，C）となるほど統制力が崩れ衝動性が増す。また有彩色反応と無彩色反応の比率は気分の色調を反映する。濃淡反応cは，色彩反応よりも一層繊細な感受性を示し，多すぎると過敏さや不安の指標となる。

反応内容は，被検者の観念世界の豊かさや興味，関心の対象や性質，常識性などを知るのに役立つ。図版に多様な内容を見る人は，それだけ観念世界の豊な人と考えられるし，比較的多くの人に見られる内容（P反応）をある程度示す人は，他者と共通の見方のできる社会性や常識性をそなえた人といえよう。また，内容が身近な動物や植物に集中する場合は，興味や関心も身辺的で，個性

や知性に乏しいことが想像される。ここでは，どのような内容が多く出現するかを検討するのであるが，その意味づけについては，一般に次のように考えられている。

人間反応Hは，対人的関心や共感性を示し，多すぎると，対人関係への過敏さや不安を，少なすぎると，対人回避的傾向を示す。また人間の部分像Hdや非現実的な人物像（H），（Hd）が多く出現する場合は，前者は未熟性や抽象能力の乏しさを，後者は現実的な対人関係を回避しやすい傾向を示す。動物反応Aは，もともと見えやすいだけに紋切り型の思考や未熟さの指標となる。植物反応Plもほぼ同様であるが，より受容的な傾向を反映するといわれる。臨床場面では，解剖反応やSex反応もよくみられる。解剖反応Atは，一般に不安の指標と考えられるが，同時に明確な形態への統合力の乏しさをも反映する。したがって，多すぎる解剖反応は，心気症的不安や課題解決能力の乏しさ，劣等感に対する知的な補償作用などを示す。また骨格反応は不安へのある程度の統制力をもつが，内臓反応は不安に圧倒された状態を示すともいわれる。Sex反応は正常成人には普通生じない。社会性保持の心理が働くからである。それゆえに，Sex反応の出現は社会規範の軽視や性への強い関心を示す。また雲反応Clは漠然とした不安を，血液反応Bdは統制しがたい強い情緒反応を示すといわれる。

形態水準は，その定義からも理解されるように，知能や現実検討能力，自己統制力などを知る指標となる。したがって，各反応の意味を考える場合，その形態水準をつねに考慮しておかなければならない。

### (2) 内容分析

形式分析が，主として反応内容の量的側面を取りあつかうのに対して，内容分析は，その質的側面に注目する。例えば，同じ人間反応であっても，"2人がけんかしている"と"楽しく話し合っている"とでは，被検者の内的世界も異なるであろう。同様に，同じ物体反応であっても，"よろい"，"かぶと"など身を守るものと"ナイフ"や"凶器"，更には"王冠"，"宝石"，"飾りもの"などとでは，その意味するところも異なるであろう。また自由反応段階と質疑段階での内容の変化，例えば，自由反応段階で"けんかしている"が質疑段階で"楽しく話し合っている"とか，自由反応段階で単に"山"であったものが質疑

段階で"爆発している"など，こうした変化は防衛のしくみや自己統制の強弱を知る上で興味深い。こうした側面に注目すると，被検者の個別的な世界がより鮮明となる。

　一般に内容分析では，どのような性質の内容が多く見られるか，どのような感情が投影されているか，反応内容の全体的なテーマは何かなどについて検討する。しかし，解釈にあたっては，刺激図版の性質や検査状況などを充分考慮しながら過剰解釈に陥らないよう慎重に行わなければならない。

### (3) 継列分析

　ここでは，図版Ⅰ～図版Ⅹまでの反応の流れを継列的に検討する。そのためには，継列分析の基礎となる刺激図版の特性について充分理解しておく必要がある。10枚の図版には，図柄の単純なものや複雑なもの，有彩色や無彩色のもの，色彩ショックや濃淡ショック，Sexショックの生じやすいもの，P（平凡反応）の生じやすいものなどがある。このような図版の特性を考慮しながら，図版から図版への反応数や反応時間（初発反応時間，反応終了時間）の変化，反応内容や反応領域，反応決定因，形態水準などの変化，P反応の出現や消失の状況などを検討する。例えば，情緒刺激図版（図版Ⅱ，Ⅲ，Ⅳ，Ⅵなど）に対する極端な初発反応時間の遅れや形態水準の低下，P反応の消失などは，そうした場面で，容易に情緒の混乱を生じやすい自我機能の弱さを示すであろう。そして，このような状況が次の図版にも継続されるならば，それだけ自我機能の回復力も弱いといえよう。また1つ1つの反応内容を継列的にみていくと，相互の関連性やその意味，全体的なテーマなどが明確になってくる。

　以上，ロールシャッハ解釈の基本について述べたが，最後に，ここ10年間に我が国において急速に浸透しつつあるエクスナー（Exner, J.）の包括システムによる解釈法についても触れておきたい。彼は，これまでのロールシャッハ研究の中で提唱されてきた様々な指標や変数を実証的に検討し，ロールシャッハでとらえられる心理学的特徴として8つの変数を抽出した。すなわち，①情報処理の変数，②認知的媒介過程の変数，③思考（概念形成）の変数，④感情の変数，⑤自己知覚の変数，⑥対人知覚と対人関係の変数，⑦統制とストレス耐性の変数，⑧状況関連ストレスの変数である。これらの変数に関連する指標（記号化）

の現れ方や質を手がかりに一定の順序で解釈を進めるのが包括システムによる系統的な解釈法である。その詳細については専門書にゆずるが、エクスナー法は、今日、ロールシャッハ解釈における世界の共通言語になりつつある。

また、この10年間に、パーソナル・コンピューターによるロールシャッハ・テストの自動診断システムが登場してきた。記号化は主に片口法を採用し、利用者は、正確に記号化をし、それを指示にしたがって入力すれば、各指標の数値や解釈文がプリントアウトされるしくみになっている。詳細については参考図書を参照されたい。

＜解説書及び参考図書＞

　片口安史著：新・心理診断法，金子書房（1974）

　高橋雅春，北村依子著：ロールシャッハ診断法Ⅰ，Ⅱ，サイエンス社（1981）

　高橋雅春，西尾博行著：包括的システムによるロールシャッハ・テスト入門―基礎編―，サイエンス社（1994）

　高橋雅春，高橋依子，西尾博行著：包括システムによるロールシャッハ解釈入門，金剛出版（1998）

　村上宣寛，村上千恵子著：ロールシャッハ・テスト―自動診断システムへの招待―，日本文化科学社（1991）

# 13. 精研式 TAT（主題構成検査）

| 作 成 者 | 佐野勝男，他 |
|---|---|
| 発 行 所 | 金子書房 |
| 対象範囲 | BG版：小学生〜中学生<br>MF版：高校生〜成人 |
| 検査時間 | 60分〜120分 |

## 1) 検査の概要

　本検査は，1935年に，モルガンとマレー（Morgan, C.D. & Murray, H.A.）によって，公表されたThematic Apperception Test（略称TAT，主題統覚検査ともいう）をもとに作られた日本版TATの1つであり，いろいろな場面の描かれた図版を被検者に示し，そこに空想の物語を作らせ，これを分析することによって人格特徴をアセスメントしようとするものである。

　TATの理論的背景は，マレーの力動的人格理論の中核をなす"欲求―圧力理論"にその基礎をおいている。彼は，個人を行動にかりたてる内発的な力を「欲求」，環境が個人に与える影響を「圧力」と呼び，この欲求と圧力の織りなす力学的構造（これを主題，テーマという）を通して，個々の行動の流れを理解するとき，真の人格理解が可能になると考える。しかし，この欲求や圧力は常に顕在的，客観的なものとは限らず，そこには，潜在的，主観的なものもある。これらは，防衛的操作の働きやすい直接的表現を通してよりも，空想の世界において一層露呈されやすいと考える。このような考えに立って考案されたのがTATである。その後，TATは，多くの研究者によって使用と研究がかさねられ，その価値が認められるようになり，今日では，精神医学や心理臨床の場面で，ロールシャッハ検査とともに投影法を代表する人格検査の1つとなった。

　しかし，ロールシャッハ検査が，どちらかといえば人格の構造的面をとらえる

のに対して，TATは，意識的，無意識的な欲求や願望，葛藤やコンプレックス，対人関係様式など，主に心理・社会的面をとらえやすいところに特徴がある。

TATの日本版としては，本検査の他に早大版（1953年）や名大版（1959年）があるが，原図版のマレー版もよく使われている。また幼児・児童を対象としたものに，ベラック（Bellak, L.）のCAT（Children's Apperception Test, 1948年）や戸川らの幼児・児童絵画統覚検査（1956年）などがある。いずれも刺激図版は，子どもが興味や親近感をもちやすい動物によって構成されている。

本検査は，1961年に佐野勝男，槙田　仁らによって公刊されたものであるが，図版の違いを除けば，実施法，分析法，解釈法とも基本的にはマレーの方法に準拠している。

## 2）検査内容

児童・生徒用（BG版）は，全部で16枚（内白紙1枚），成人用（MF版）は，17枚（内白紙1枚）の図版からなるが，いずれも，そのうちの数枚は使用する図版が性別によって指定されているので，実際には，児童・生徒用，成人用のいずれも，1人の被検者に対して12枚を実施する。実施順序と性別の指定は，各図版の裏面に示されている。

**図28　TAT図版の一部**
（金子書房より）

**表27 図版の性質と投影される側面**

|  | 図版の性質 | 投影される側面 |
|---|---|---|
| グループA | 主人公の性，年齢，人間関係などを指定し，内容的側面は自由 | パーソナリティの基本的側面，生活史，家族関係など |
| グループB | 形式的面も内容的面も，ある程度指定し，ある程度自由。グループAとグループCの中間 | 恋愛などの比較的軽度のダイナミック，男女間の葛藤，エディプス・コンプレックスなど |
| グループC | 比較的内容面を指定し，形式面を自由にしたもの，最も刺激の強い図版 | 攻撃的傾向，不安，強迫行動，性的葛藤など |

(精研式主題構成検査解説，金子書房より作表)

刺激図版は，一般に，描かれた絵画の内容があいまいで，どのようにでも意味づけし，解釈できる可能性をもったものであるが，本検査の図版は，そうした特徴をもちながらも，内容の性質から大別3つのグループに分けられる（表27）。被検者はこれらの図版に対して，できるだけ想像力を働かせて物語を作るように求められる。

## 3) 実施方法

### (1) 準備するもの

所定の検査図版，記録用紙，ストップ・ウォッチ，筆記道具。

### (2) 検査のすすめ方

検査は個別に行う。準備ができたら，次のような教示を与えて開始する。

「これは，あなたの空想力を調べる検査です。これから，いろいろな絵の描かれた図版を1枚ずつ見せますので，それについて物語を作ってください。それぞれの絵について，今どんなことが起こっているのか，こうなる以前はどうであったか，これから先どうなっていくのか，といった点について，できるだけ空想力を働かせて物語を作ってください。どういう物語が正しいとか，間違っているとかいうことはありませんので，自由に思いつくままに物語を作ってください。」

教示にあたっては，この検査が空想力をみる検査であること，そのために大いに空想力を働かせること，そして，物語には，いつも過去，現在，未来の出来事や状況が含まれるように作ること，などの点を充分理解させるように検査者は心がける。

　検査は，図版の提示順序にしたがって，図版1から開始するが，前半の6枚を第1系列，後半の6枚を第2系列とし，実施においては，第1系列と第2系列の間に休憩をはさむか，あるいは，第2系列は別の日に実施する。

　なお，第2系列を別の日に実施する場合には，「前回と同じ要領で，もっと空想力を働かせ，もっと劇のような話を作ってください。」といった主旨の教示を改めて与える。また，第2系列には白紙図版が含まれるが，この図版を実施する場合には，次のような教示を与える。

　「この図版には何も描かれてはいませんが，できるだけ空想を働かせて何かを思い浮かべてください。何でもかまいません。情景が浮かんできたら，他の図版と同じように，以前のこと，今のこと，これから先のこと，を話してください。」

　被検者が物語を話はじめたら，検査者は，これをできるだけ具体的に，ありのままに記録する。この記録が分析・解釈の基礎資料となるので，この点は特に注意が必要である。また，検査中の被検者の表情や態度，話し方なども記録する。なお，時間の記録は，本検査では絶対的なものではないが，解釈の参考になることもあるので，1) 図版を渡してから被検者が話をはじめるまでの時間，2) 図版を渡してから被検者が話を終了するまでの時間，について記録する。

　被検者の物語を記録していると，過去や未来のことが欠落していたり，物語の中の人物の性や物語の人物と絵の中の人物との対応が不明であったり，方言やわかりにくい言葉，物語の前後の矛盾など，種々の疑問に直面する場合がある。これらの疑問に対する検査者からの質問は，被検者の空想の流れを妨げないようにするために，物語の途中ではできるだけしないようにし，各図版の終了時に行う。しかし，あまり詳細でくどくなると，その後の図版の物語に影響を与えるので，さらりと行うのがよい。また1系列の終了時（第1系列と第2系列を同じ日に行う場合は，全系列終了時）には，全体を通して，なお残された物語の不備な点について質問をするとともに，検査中の疲労感や図版への好悪，物語の出所などについてもたずねておくとよい。

## 4）結果の整理

　結果の整理法や分析・評価法は，研究者の考え方や理論的立場によって種々であるが，本検査では，一般的に次のような手順ですすめられる。

　まず，被検者の述べられた12の物語の1つ1つについて，以下の項目にそって分析・整理する。

### （1）物語のテーマとその構成

　ここでは，どのようなテーマが主題となっているか，その色調は明るいものか暗いものか，物語の内容は平凡か独創的か，あるいは奇妙なものか，また物語の構成はどうなっているか，過去，現在，未来のどの点が強調されているか，全体としてよく構成されているか，物語の結末はどうなっているか，などについて分析し，整理する。

### （2）物語の主人公，副主人公とその相互関係

　ここでは，どのような人物が主人公，副主人公に選ばれているか，彼らの性，年齢，性格特性，文化的背景，社会経済的地位はどうか，主人公と副主人公との相互関係はどうか，例えば，支配的か従属的か，対立的か親和的かなど，を分析・整理する。

　主人公には，一般に被検者の自己像が投影されやすいと考えられているので，主人公の決定は重要であるが，この点に関してスタイン（Stein, M.I.）は，次のような基準を主人公を決める場合の目安としてあげている。①被検者が物語の中で最初に言及した人物，②物語を通じて被検者が一番多く注意をはらった人物，③物語の中で重要な動きをしている人物，④物語の展開の中心になっている人物，⑤物語に登場する他の人物の多くによって働きかけられている人物，⑥年齢，性，容姿，心理特徴などが被検者と最もよく似ている人物，などである。

### （3）主人公の欲求

　欲求には種々のものがあるが，主人公の欲求はどのような種類のものか，何

かを得たいとか，成し遂げたいなどの外的事象への欲求か，誰かと仲よくしたいとか，認めてもらいたいなどの対人的欲求か，あるいは自由を得たい，攻撃を避けたいなどの圧力排除の欲求か，またその欲求の対象は何か，人か物か，行為か観念か，さらには現実的な欲求か，空想的なものかなど，主人公の欲求の種類や対象，強度等について分析・整理をする。

### (4) 主人公への圧力

外界から人間に及ぼす作用を圧力と呼ぶが，圧力にもまた種々なものがある。例えば，他者から受ける人的な圧力，災害や不幸な出来事のような環境の圧力，死への恐れや罪意識などの内的圧力などである。なお人的圧力には主人公によい影響を与えるプラスのものと悪い影響を与えるマイナスのものがあることに注意する。したがって，ここでは，主人公がどのような圧力を感じているか，それはプラスのものかマイナスのものか，その圧力は何に由来するか，現実的なものか空想的なものかなど，欲求の場合と同様に，圧力の種類や源泉，強度等について分析・整理をする。

### (5) 主人公の内的状態

主人公の内的状態について，快適な感情状態か不快な感情状態か，自己確信的か劣等感や罪悪感にとらわれているか，健康感に満ちているか，身体への不安や違和感があるかなどを分析・整理をする。

### (6) 主人公の課題解決様式

主人公が与えられた圧力のもとで，どのようにして自己の欲求を処理しようとしているかを分析する。その場合，解決様式が現実的か非現実的か，建設的か破壊的・反社会的か，また課題解決に向かって能動的か受動的か，課題解決に直接向かっているか，防衛的・回避的かなどに注目し，分析・整理をする。

### (7) 外的側面

ここでは，物語そのものとは直接関係のない側面，すなわち，言語的な特徴や叙述形式の特徴，被検者と図版や物語との心理的距離，被検者の検査者への

態度や検査中の態度などを分析・整理をする。

　以上の分析結果を「精研式TAT整理用紙」の該当欄に記入する。次に，こうして得られた12の物語の分析結果を通覧して，そこにどのような共通性や特徴があるかを検討する。例えば，くりかえし現れるテーマや主人公の特徴，課題解決様式の傾向などは，被検者を理解するのに重要な手がかりとなるであろう。したがって，ここでは，12の物語を通して，各項目ごとの特徴を検討し，要約する。結果は整理用紙の要約欄に記入する。

## 5）結果の読み方

　解釈は，以上の資料をもとに，次の項目を中心に検討し，総合的に行う。

### （1）領域的欲求―圧力体制
　家庭生活や社会生活（学校，交友）などの異なった生活領域における被検者の欲求，圧力，内的状態，解決様式などを検討する。これらは12の物語に共通にみられる欲求や圧力から推論することになるが，ここで重要なことは，全図版の物語を通して優位な欲求や圧力が必ずしも被検者自身のものであるとは限らないことである。というのは，人間は様々な生活領域をもっており，その領域によって欲求や圧力も異なるからである。このために，どのような生活領域における欲求―圧力体制なのかをみていくことが重要である。またある領域の強力な欲求や圧力が他の領域の物語に投影されることもあるので注意しなければならない。

### （2）知的側面
　主に知的側面について，知能水準，生活空間の広さ，時間的距離などを検討する。物語に現れる行動領域の広さは，被検者の生活空間を知る手がかりとなるし，テーマの独創性や平凡性，物語の構成の優劣，物語の言語的特徴や叙述形式の特徴などは，知的側面を評価する有力な資料となる。

### (3) 情意的側面

情意的側面は，必ずしも直接的に現れるとは限らないが，特徴的な性格傾向や心的エネルギーの強弱などがその指標となる。また欲求—圧力体制における解決様式や言語特徴，検査態度なども手がかりとなる。

### (4) 指向的側面

ここでは，生活態度や外界に対する認識様式等を検討する。欲求—圧力体制下で，どのような解決行動がみられるかは，被検者の生活態度を知る1つの指標となる。また言語的特徴や叙述形式，被検者と図版や物語との心理的距離や検査態度などは，外界に対する認識様式を知る手がかりとなる。

### (5) 力動的側面

生活感情や自己確信感などについて検討する。これらは，主として欲求—圧力体制下の内的状態の検討によって理解される。

### (6) 決定要因

身体的要因や家庭的要因など，人格形成に与えた決定的な要因の有無を検討する。これらは，物語の中に直接投影されることもあるが，主として生育史や家庭環境についての他の情報源によって補完されなければならない。

### (7) 病的特徴，その他

種々の病的特徴の有無を検討する。TATは本来疾病の鑑別診断を目的としたものではないが，テーマの奇妙さ，言語特徴や叙述形式の異常さ，被検者と図版や物語との距離の極端なゆがみなどから，疾病の推測されることもある。また，以上の他に特記すべき特徴があれば，それも検討する。

＜解説書及び参考図書＞

　佐野勝男，槙田　仁著：精研式主題構成検査解説，金子書房（1983）

　佐野勝男，槙田　仁，坂村裕美著：精研式主題構成検査解説—児童・生徒用—，金子書房（1981）

# 14. 日本版 P-F スタディ（絵画欲求不満検査）

| 作 成 者 | 住田勝美, 他 |
|---|---|
| 発 行 所 | 三京房 |
| 対象範囲 | 児童用：4歳〜14歳<br>青年用：中1〜大2<br>成人用：15歳〜成人 |
| 検査時間 | 30分〜40分 |

## 1）検査の概要

　P-Fスタディは, Picture-Frustration Study の略称で, 絵画欲求不満検査とも呼ばれる。これは, アメリカの心理学者ローゼンツアイク（Rosenzweig, S.）によって考案された投影法の人格検査で, 日常の生活場面で普通だれもが経験する欲求不満場面を漫画式の絵にして示し, それに対する被検者の言語的反応を通して, 人格特徴をアセスメントしようとするものである。

　この検査は, ローゼンツアイクが精神分析学の諸概念を実験的に研究する過程で公式化した欲求不満とアグレッションに関する理論にもとづいて作成されたもので, 同じ投影法の検査でも, ロールシャッハ検査やTATとは異なり, 検査場面が欲求不満場面に統制されて, かなり構造化されていること, 人格特徴として個人のアグレッションの方向や型, 適応のしくみや内的力動をとらえようとしていること, などにその特徴がある。

　最初に, 成人用のP-Fスタディが1944年に発表され, 続いて1948年に児童用, さらに1964年には青年用が公刊された。

　日本版P-Fスタディは, これらを原本とし, 翻訳, 標準化され, 1955年に児童用（作成者：住田勝美, 林　勝造）, 1956年に成人用（作成者：住田勝美, 林　勝造, 一谷　彊）が公刊された。翻訳, 標準化にあたっては, 日本の文化や習慣に

合わせて内容の一部が修正されたが，全体の構成や分析・解釈法は原法と特に変わりはない。また1987年には，青年用（作成者：林　勝造，一谷　彊，中田義朗，秦　一士，津田浩一，西尾　博，西川　満）が標準化され，公刊されたが，青年用では，過去の時代ほど現代は日米間の生活様式の違いは大きくないという理由で，内容の修正はなく，アメリカの原図版がそのまま用いられている。

## 2）検査内容

　検査用紙は冊子式で，内容は，児童用，成人用，青年用のいずれも，24種の日常だれもが普通に経験するような欲求不満場面によって構成されている。各場面の絵は，図29に示すように，すべて線画で描かれ，人物の表情や態度は省略されている。これは，被検者に特別な印象や暗示を与えないようにするためである。また，どの絵も，左側の話しかけている人物が右側の人物に何らかの意味で欲求不満を起こさせている場面になっている。
　これらの欲求不満場面は，その性質から大きく2つに分けられる。1つは，自我阻害場面と名づけられ，人為的，非人為的な障害によって，直接に自我が阻害されて欲求不満を引き起こすような場面である。もう1つは，超自我阻害場面と呼び，誰か他の者から非難や詰問をされて，超自我（良心）が阻害されて欲

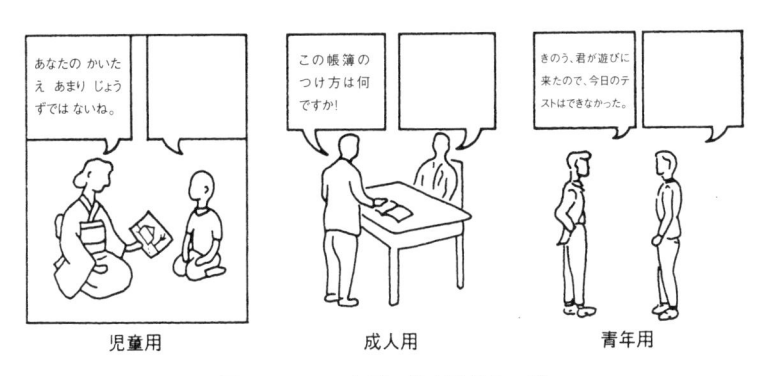

図29　P-Fスタディ検査用紙の一部
（三京房より）

求不満を招くような場面で，児童用，成人用，青年用のいずれも，総計8つの場面がある。これらの場面がどの場面であるかを検査者にわかりやすくするために，記録用紙の場面別評点記入欄の左外側に書かれた場面番号の下にアンダーラインを引いて，その場面が超自我阻害場面であることを示してある。

なお，青年用は，内容としては成人用とほとんど同じであるが，絵の中の登場人物は被検者が青年であることを考慮して，欲求阻止者と被欲求阻止者の性と年齢に若干の工夫がなされている。すなわち，欲求阻止者を成人と青年で2分し，しかもその性別が男女同数になるようにするとともに，被欲求阻止者（すべて青年）も男女それぞれ同数になるように構成されている。

## 3）実施方法

### （1）準備するもの
所定の検査用紙，筆記用具，消しゴム，ストップ・ウォッチ。

### （2）検査のすすめ方
本検査は，個別的にも集団でも実施することができる。しかし，臨床場面では個別実施の方がよい。特に精神障害者や精神発達遅滞者では，教示や検査場面をよく理解させる必要があるので，個別実施を原則とする。また児童，特に年少児は充分な文章表現能力をもっていないので個別実施がよい。個別に実施する場合には，不要な不安や緊張を与えたり，暗示や誘導的な説明を与えたりしないように注意する。集団で実施する場合には，小学校3年生以上を対象とし，少なくとも被検者50人に1人の検査補助者を用意することが望ましい。

検査のすすめ方は，個別でも集団でも，児童用，青年用，成人用においても，基本的には同じである。検査用紙に氏名やその他の必要事項を記入させたら，「やり方」について説明する。「やり方」は検査用紙の表紙に具体的に書かれてあるので，それにしたがい，概略次のような教示を与える。

「（表紙の絵を指しながら）この左の人が言ったことに対して，右側の人はどんな風に答えるでしょうか。右側の人が答えると思われる言葉を，この空白の

箱の中に書いてください。答えはいろいろ浮かぶかも知れませんが，一番最初に思いついた答えを書いてください。（答えを書き終えるのを見て）ページをめくると，こんな絵が1番から24番まであります。今と同じやり方で，次々に答えを書き入れてください。」

教示を与える場合は，書かれた言葉をただ機械的に読み上げるのではなく，話言葉にしてわかりやすく説明し，理解を徹底させる。特に「あなただったら，どう答えますか」というような，被検者に自己批判的な気持ちを抱かせるような問いかけは決してしないように注意する。本検査では，原則として被検者が自分で読み，答えを記入していくが，幼児や年少児を個別に実施する場合には，検査者が各場面を順次読み上げ，「さあ，この子どもは何と答えるでしょう？」と答えをうながし，答えたことをそのまま検査者が書き込んでいく。

被検者からの質問に対しては，暗示誘導的な説明にならないように注意して，場面を客観的に理解できるように説明する。検査中は被検者の行動をよく観察し，特徴的な態度や表情，言葉使いなどを記録する。後で解釈の参考になる。なお，あいまいな反応語や無応答などがあれば，個別実施の場合は検査終了後に，集団実施の場合は後で呼び出し，もう一度確認する。

## 4）結果の整理

結果の整理にあたって，まず注意しておきたいことは，日本版の「1987年版解説書」で用語の一部が変更されたことである。その主な点は，①従来の「アグレッションの方向」と「反応の型」という考え方が，「アグレッションの方向と型」に統一されたこと，②ローゼンツアイクのアグレッション概念と日本語の攻撃性とは必ずしも一致しないので，あえて訳出せず，原語を用いるようにしたこと，③アグレッションの方向としての，従来の用語である「外罰」「内罰」「無罰」を「他責」「自責」「無責」に変更したことなどである。これらの変更は，ローゼンツアイク自身が1978年版の「基本マニュアル」で一部を修正したことに由来するが，個々の評定因子の記号や定義は以前と全く同じで，具体的なスコアリングには変更はない。

さて,結果の整理の第1段階は,24の欲求不満場面における反応語の内容を,一定の基準にしたがって記号化することである。この基準は,アグレッションがどういう方向に向けられているか,どういう型をしているかという2つの観点から作られているが,さらに,アグレッションの方向を,①他責的方向(E−A):欲求不満をもたらした"責め"を他者に求める,②自責的方向(I−A):その"責め"を自分に向ける,③無責的方向(M−A):その"責め"をはぐらかしたり,求めないものの3つに,アグレッションの型を,①障害優位型(O−D):欲求不満によって障害されていることを強調するもの,②自我防衛型(E−D):自我防衛を強調するもの,③欲求固執型(N−P):欲求不満の解決に固執するものの3つにそれぞれ分け,これら3つの方向と型の組合せによって得られる9種と2つの変型を含む11種の評点因子によって構成されている(表28)。

これにもとづいて,被検者の各場面ごとの反応語が,これらのどの評点因子に該当するかを判定し,次の例に示すように記号化する。

(成人用)場面1　お前は本当に情けないやつだ ……………………/E/
(青年用)場面1　少しも汚れてないよ ……………………………I'//
(児童用)場面1　また今度買っておいてね …………………………//m

記号に付随する斜線は,アグレッションの3つの型の記入位置を示すもので,前より障害優位型／自我防衛型／欲求固執型の順になっている。このように反応語は,11の評定因子のどれか1つで評定することもできるが,2種類にまたが

表28　評定因子一覧表

|  | 障害優位型<br>(O−D) | 自我防衛型<br>(E−D) | 欲求固執型<br>(N−P) |
|---|---|---|---|
| 他責的<br>(E−A) | E'<br>他責逡巡反応 | E　他罰反応<br>E　責任否認反応 | e<br>他責固執型 |
| 自責的<br>(I−A) | I'<br>自責逡巡反応 | I　自罰反応<br>I　言い訳反応 | i<br>自責固執型 |
| 無責的<br>(M−A) | M'<br>無責逡巡反応 | M<br>無罰反応 | m<br>無責固執型 |

(PF　スタディ解説,三京房より作表)

って評定されることもある。

このような場合は，組合せ評点と呼ばれ，例えば，E'／M／のように記号化する。また2つの因子が渾然一体となって別々に評点できない場合は，融合評点と呼ばれ，例えば，$\boxed{／E：I／}$，$\boxed{M'／E}$／のようにその部分を $\boxed{\phantom{xx}}$ でかこむ。この場合は，EとI，M'とEが融合していることを示す。融合評点は他人を責めつつも自分に不安をもつ反応や負け惜しみ的表現にみられやすい。しかし，記号化の基本的態度は，反応語に潜む動機や気持ちを詮索するのではなく，あくまでも被検者の外見的，表出的意味にもとづいて行うことである。初心者は解説書の評点例を参考にするとよい。

記号化が終ると，整理の第2段階は，これを記録用紙の場面別評点記入欄に記入するとともに，各事項欄に必要な数や割合（％）を算出する。

### （1）GCR（集団一致度）

これは，ロールシャッハ検査のP反応のようなもので，その評点は，あらかじめいくつかの場面（児童用は12場面，青年用は13場面，成人用は14場面）に設定され，整理用紙に印刷されているので，それとの一致度によって算出する。完全に一致する場合は＋，一致しない場合は－，部分的に一致する場合は1/2点を与え，＋は1点，－は0点として合計する。GCR%は次の式で算出する。

GCR％＝（一致した評点の合計／評定された場面の数）×100

### （2）プロフィール欄

各評点因子別に集計し，その数と割合を出す。この場合，単独評点は1点，組み合わせ評点は1/2点として合計する。またアグレッションの方向と型別にも集計し，その割合を算出する。いずれの場合もパーセントの計算にあたっては，分母は回答した場面の数とする。

### （3）超自我因子欄

超自我評点EとIの出現率とそれに関する傾向を吟味する。記録用紙の計算式にしたがってそれぞれの数と割合を算出する。

### (4) 反応転移分析欄

この欄は，24場面の前半12場面と後半12場面での評点因子の出現状況の変化をみるもので，転移値は，算出しようとする評点因子が前半と後半を合計して4つ（この場合，部分的なものも1つとする）以上ある時のみ計算する。その算出法は，aを前半の，bを後半の当該評点因子の数とすると，転移値＝（a－b）／（a＋b）による。なお，解説書の付録には，「反応転移値算出表」があるので，それを利用すれば便利である。

## 5）結果の読み方

結果の解釈にあたっては，まず，記録用紙のGCR％，プロフィール欄，超自我因子欄，反応転移分析欄の特徴に注目する。

### (1) GCR％

GCR（Group Conformity Rating）は，集団一致度とか集団順応度と呼ばれるもので，被検者がどの程度他者と共通なやり方で，いいかえれば常識的な方法で，欲求不満場面に適応するかを示す指標である。したがって，標準値と比較して，GCR％の高すぎる人は，非常に常識的な適応行動をとりやすい人であり，逆に低すぎる場合は，常識的な適応性に欠ける人といえる。

### (2) プロフィール欄

この欄は，被検者の反応傾向あるいは適応様式を知る上で最も重要な欄である。記録用紙には，各評点因子やアグレッションの方向と型別の集計について，健常者における平均出現数や割合が印刷されているので，これと比較しながら被検者の特徴を検討する。

アグレッションの方向として，高い（E－A）％（他責的反応）を示す人は，欲求不満の原因を他者や環境のせいにしながら，内心，他者からの非難や攻撃を恐れている人である。彼らは投射の機制によって不満を解消しようとしやすいからである。臨床的には，妄想型の統合失調症に高い（E－A）％を示す者が

多い。逆に，高い（I―A）％（自責的反応）を示す人は，欲求不満の原因を自分のせいにしやすく，自責傾向の強い人である。防衛機制としては「置きかえ」，「孤立化」，「帳消し」などの機制を用いやすい。強迫神経症や緊張病に（I―A）％の高い者が多い。また（M―A）％（無責的反応）の高すぎる人は，欲求不満の原因を誰のせいにもせず，仕方のないこととして妥協しやすく，「抑圧」の機制を用いやすい。高い（M―A）％は，ヒステリーにみられやすい。

一方，アグレッションの型として，高い（O―D）％（障害優位型）を示す人は，障害の強調・指摘にとどまり，欲求不満場面に対する自分の気持ちを素直に表現できにくい人であり，逆に（E―D）％（自我防衛型）の高すぎる人は，不満場面のストレスを解消するために，過度に自我を強調することで自分を守りやすい人である。（N―P）％（欲求固執型）は，不満場面を建設的に解決しようとして欲求に固執する反応で，この型の高い人は問題解決への欲求が強い。

さらに，これらのアグレッションの方向と型の組み合わせによって得られる各評点因子の出現状況にも注目する。ここでは，それらの定義とその心理学的意味を表29にまとめておくので，解釈の参考にされたい。

表29　評定因子と心理学的意味

| 因子 | 定義と心理学的意味 |
|---|---|
| E'<br>E<br>e | 不平不満を外に表す。高いE'はこの傾向を示す。<br>直接敵意を外に表す。高いEは攻撃的，低いEは自己主張性に乏しい。<br>不満の解決を他者に求める。高いeは依存的，他者を当てにする。 |
| I'<br>I<br>i | 不満を抑えて表明しない。高いI'は不満感を否定したり，その原因となった出来事をよい試練と合理化しやすい。<br>自責，自己避難の傾向。高いIは自己非難の気持ちが強く，低いIは自責の念や自己反省心に欠ける。<br>不満の原因を自分に求める。高いiは罪償感が強い。 |
| M'<br>M<br>m | 他者にも自分にも攻撃を避ける。高いM'は抑制的な傾向が強い。<br>だれも責めない寛大な傾向。高いMは無関心か気が弱く抑制的。<br>時の流れに解決を任そうとする。高いmは事勿れ主義，低いmは忍耐心や社会性に乏しい。 |

（PF　スタディ解説，三京房より作成）

## (3) 超自我因子欄

　この欄は，他者からの非難，叱責，詰問等で超自我の傷つくような場面で，どのような反応をするかをみるもので，社会的な適応性を知る手がかりを与えてくれる。

　高いE％は，他者からの非難に対してあまり自己反省をせず，必要以上に反抗的，攻撃的になる傾向を示し，逆に低すぎる場合は，不当な非難であっても積極的に自己主張のできない弱さを示す。高いI％は，自己の非をなかなか認めようとしない自己保身的傾向の強さを示す。(E＋I)％は，4歳ごろより年齢とともに増加する傾向があるので，ある程度の出現は精神発達や社会性の発達の指標となる。社会に適応するためには，ある程度の自己主張や自己保身性が必要だからである。したがって，これらの高すぎる場合と低すぎる場合が問題となる。(E－E)％は，素朴な攻撃傾向の指標で，これの高い人は幼稚な攻撃性をそなえ，精神発達が未熟である。(I－I)％は，自責や自己非難の気持の強さと関係し，これの高い人は自責的傾向が強く，逆に低い人は自己反省心に乏しい。((M－A)＋I)％は，これも4歳ごろから年齢とともに増加するので，精神発達や社会性の発達の指標となる。

## (4) 反応転移分析欄

　この欄は，検査に対する被検者の心構えの変化や被検者が心の内に秘めている心理構造，再教育や治療効果の有無などを吟味するのに役立つ。

　本検査に使用されている24の場面は，日常普通に誰もが経験するような欲求不満場面であるので，被検者に格別の作為や心理的変化がなければ，検査の前半と後半で反応の仕方に大きな変化のないのが普通である。したがって，もし何らかの反応の変化（転移）がみられれば，それを手がかりに，被検者の検査への心構えの変化やその背後にある心理特徴を読みとることができる。例えば，検査の前半で多くみられた他罰反応（E）が後半になって自罰反応（I）や無罰反応（M）に変化する場合，そこには，被検者の何らかの心構えの変化がうかがわれ，その背後に，他者を責めてばかりいる自分を悪く思われはしないかという不安への防衛の意図が推測される。また，検査の前半で他者への依存欲求を示す反応（e）を多く出しながら，後半で妥協的な反応（m）に転移する場合に

は，他者に対して"助けを得たい"，"依存したい"という気持を強くもちながら，それを表明することにためらいを感じているといった心理状況が推測されるであろう。

　一方，反応転移は，情緒の安定性や欲求不満耐性の指標でもある。したがって，情緒障害児や神経症者の再教育や心理療法の効果の測定にも役立つ。一般に，情緒が安定し，欲求不満耐性が強くなると，反応の流れにもムラがなくなり，反応の転移も減少する。そこで，再教育や心理療法を始める前にこの検査を実施しておき，一定の期間後に再び検査を実施してその両者を比較すれば，治療効果の判定に有益な資料となる。しかし，ある種の精神障害者は，各評定因子の出現に大きなゆがみを示しながらも，反応転移を全く示さない場合が多い。これは，自分が異常な反応をしているとか，こんな反応をすれば変に思われはしないかといった自覚のないことによる。このような患者が，治療の過程で反応転移を示すようになれば，こうした自覚が芽生えてきたものとして評価できる。

　解釈は，以上のような諸特徴を中心に検討しながら，検査中の行動特徴やその他の情報とともに，総合的に行うことが重要である。

＜解説書及び参考図書＞

　　林　勝造（代表）著：PFスタディ解説—1987年版—，三京房（1987）

## 15. 精研式文章完成法検査（SCT）

| 作 成 者 | 佐野勝男, 他 |
|---|---|
| 発 行 所 | 金子書房 |
| 対象範囲 | 小学用：小4～小6<br>中学用：中1～中3<br>成人用：高校～成人 |
| 検査時間 | 40分～60分 |

### 1）検査の概要

　本検査は，不完全な刺激文を被検者に与え，それに続く言葉を自由に書かせて文章を完成させ，その内容を分析することによって人格をアセスメントしようとするものである。このように，不完全文を完全な文に完成させることから，文章完成法検査（Sentence Completion Test，略称SCT）と呼ばれる。

　SCTは，もともと「連想検査」の1つの変型として発達してきたが，個人の能力や特性を推測するために，不完全文章を最初に用いたのはドイツの心理学者エビングハウス（Ebbinghaus, H.）だといわれる。彼は，知能の重要な性質は単語を意味ある全体に統合する能力であると考え，1897年に，これを用いて知能の測定を試みている。しかし，これは学校の試験問題にみられるような"虫食い式"のものであった。その後，ユング（Jung, C.G.）らの言語連想法にヒントを得て，1930年代の後半からアメリカの多くの心理学者たちによって文章完成法を用いた種々の研究がすすめられ，今日のような人格をアセスメントするための1つの方法として発展してきた。

　精研式SCTは，1961年に佐野勝男，槙田　仁らによって成人用が，また同年，佐野勝男，槙田　仁，山本裕美らによって小学生用，中学生用が公刊された。

　SCTは，どのような刺激文を用意するかによって，理解しようとする対象や

側面が異なるが，本検査（精研式）では，被検者の全体像を概観し，さらに深い理解に至るための手がかりを得ることを主要な目的としている。そのために，人格についての広い情報が得られるような刺激文が用意されており，刺激文そのものもあまり志向性をもたない短い形式のものが多い。また分析・解釈法には，全体を通読して人格特徴や問題点を見出そうとする，いわゆるinspection法が用いられている。したがって，本検査は，被検者の人格特徴やその背景（身体的要因，家庭的要因，社会的要因など），さらには問題点などを具体的に概観するのに便利であり，スクリーニングの一方法としてもすぐれている。また個別的にも集団的にも比較的短時間で容易に実施できるという利点もあり，各方面で広く用いられている。

## 2）検査内容

　本検査の構成は，小学生用，中学生用，成人用のいずれもPart ⅠとPart Ⅱの2部からなっており，それぞれに対して，成人用では各30，小・中学生用では各25の刺激文が用意されている。Part ⅠとPart Ⅱの区別は，検査の施行上，便宜的に分けたものであって，それぞれは個々に独立したものではない。また内容はほぼ均等なものになっているが，刺激文は，検査に入りやすくするためにPart Ⅰの方がやや柔らかくしてある。

　また刺激文は，本検査の目的にそって，志向性の少ない一人称を用いた短い型のものが用意されている。しかし，対象の年齢と作文能力を考慮して，成人用よりも中学生用，小学生用と低年齢化するにつれて，志向性を高めた比較的長文の刺激文が多くとり入れられている。

　次に内容の一部を具体的に示す。

　　（小学生用）：私のしてもらいたいのは・・・・・・・・・・・・
　　（中学生用）：時々私は・・・・・・・・・・・・・・・・・
　　（成　人　用）：私はよく・・・・・・・・・・・・・・・・・

## 3）実施方法

### （1）準備するもの
所定の検査用紙，筆記用具。

### （2）検査のすすめ方
　本検査は，個人的にも集団的にも実施できるが，実施方法には大きな相違はない。被検者の緊張を解きほぐしてから，検査用紙に氏名その他の必要事項を記入させ，検査のやり方を説明する。やり方は，表紙の「記入の仕方」に書いてあるので，これを読みあげながら説明する。与える教示は次のようなものである。
　「この紙をめくると，いろいろ書きかけの文章が並んでいます。その言葉をみて，あなたの頭に浮かんできたことを，それに続けて書き，文章を完成してください。あなたの感じたことを何でもそのままに書けばよいのです。できるだけ早く，(1) から順にやってください。もし，すぐに浮かばなければ，その番号に○をつけて後でやってください。」
　教示に際しては，特に，①頭に浮かんだ最初の事柄を記入すること，②できるだけ早く順番にやること，③すぐ浮かばない時は，その番号に○をつけ後でやること，④どう書くのが正しいとか，文章の上手，下手は問題でないこと，などを被検者の能力や状態に合わせて理解できるように説明する。
　やり方を充分理解したら，PartⅠより始める。PartⅠとPartⅡは続けて実施してもよいが，通常，5分間位の休憩をはさむ。
　検査中の被検者からの質問に対しては，具体的な説明を与えて反応の自由度をせばめたり，暗示的，誘導的な説明にならないように注意する。
　なお，充分な理解力をもちながら，文章を書くのに長時間を要する被検者や検査に対して防衛的，拒否的な被検者には，本検査の刺激文をもとにしてインタービューをするというのも1つの方法である。このような方法によれば，不要な苦痛や不安を与えず，被検者の概観を知る手がかりが得られるとともに，問題点に話を深めていくきっかけを容易にすることができる。

## 4）結果の整理

本検査は，すでに述べたように，全体を通読して人格についての特徴や問題点を大づかみに把握するためのものであり，結果の整理や評価にあたって，特別の手続きや理論をもつものではない。したがって，検査者の準拠する理論や経験によって自由に結果を整理したり，評価をすることができるが，本検査では，結果を整理するための評価用紙が用意されているので，それにしたがって，次の諸側面を検討し，評価用紙に記入する。

## Ⅰ．パーソナリティ

### （1）知的側面

ここでは，いわゆる知能の他に，被検者が年齢的な発達段階に相応して，どの程度，精神的分化を示しているか，あるいは未分化であるか，また期間的，場面的な見通しはどうか，自己や環境をどの程度客観的に評価できるかなど，精神発達の分化度や時間的，場面的見通し，評価の客観性などを検討する。

### （2）情意的側面

ここでは，被検者の行動の基盤になっている比較的固定的な性格面を評価する。その把握方法として，精神医学的性格類型を採用し，被検者の性格特徴が，分裂気質（S），循環気質（Z），粘着気質（E），ヒステリー気質（H），神経質（N）の5類型のどの傾向を多く示しているかを検討する。しかし，児童の場合は，まだ性格の形成過程にあるので，これらの類型を考慮しながらも，性格特性としてのその特徴的な傾向を検討する。

### （3）指向的側面

ここでは，目標や興味の方向，生活態度，価値観，人生観などについて，被検者の心がどの面を指向しているかを検討する。

### (4) 力動的側面

ここでは、被検者の内的状態が安定しているか、不安定であるか、もし不安定であれば、その背後にどのような葛藤やコンプレックスがあるか、それらをどのように防衛しようとしているか、また攻撃的傾向はどうかなどを検討する。

## II. 決定要因

### (1) 身体的要因

主に、容姿、体力、健康などを中心に、それらがすぐれているか、劣っているか、被検者の性格形成に影響を与えるほどのものか否かなどを検討する。

### (2) 家庭的要因

家庭状況や生育歴を中心に、家族構成、生活水準、両親の性格や養育態度、家庭の雰囲気、同胞関係などを検討する。

### (3) 社会的要因

学校、職場、近隣社会における人間関係や生活環境、生活状況などを検討する。

## 5) 結果の読み方

以上のような評価項目は、本検査の刺激文から比較的とらえやすい側面をまとめてものであるが、いつもこれらの項目のすべてについて充分な情報が得られるとはかぎらない。したがって、検査結果をより有効に解釈するためには、すでに手元にある情報や他の心理検査の結果と合せて、総合的に解釈することが重要である。このことを念頭におきながら、ここでは、結果を読む場合の読み方や注意点について若干まとめておく。

本検査の解釈法は、既に述べたように、"inspection法"を採用している。したがって、まず全体をさっと読み、被検者のもつ雰囲気をつかみ、次に初心者

は，各刺激文ごとに綿密な分析を行い，考えられる可能性を抽出し，後で全体をまとめるようにする。慣れてくれば，各刺激文ごとに分析しなくても，必要な情報は読みとれるようになるであろう。

その場合，ただ漠然と読むのでは情報をくみとるのに能率が悪いので，はじめに性格特性や知的側面に焦点をあてて読み，次に決定要因やその他の側面を読みとるようにするとよい。知能の高低や性格特性の相異によって，他の点に対する行動の解釈や予測が異なってくるからである。

また，被検者の諸特徴は，各刺激文に直接表現されることもあり，その背後にかくれていることもある。したがって，反応内容として表現された具体的な事実よりも，その背後にあるものを理解しようとする態度が必要である。一般に，知的側面，情意的側面，力動的側面などは，どちらかといえば，各刺激文に直接的に表現されるというよりも，むしろ文章全体からくみとるといった性質のものである。

上述のことにも関連するが，単なる作文や無反応についても充分注意をはらう必要がある。自分のことについて何も思いつかなかったという場合もあるが，本当のことを書きたくないという逃避の機制による場合もある。特に無反応については，どのような刺激文が無反応になっているかを調べるとよい。被検者のかくれた問題点を知る手がかりが得られる。

また，文の長さや書き方，筆跡などにも注意する。これらも，知的水準や性格特性がかなり投影されやすいからである。

以上のような点を注意しながら，結果の整理の項で述べた評価項目を中心に検討し，被検者の全体像や問題点を読みとる。

＜解説書及び参考図書＞

　　佐野勝男，槙田　仁著：精研式文章完成法テスト解説—成人用—，金子書房（1978）

　　佐野勝男，槙田　仁，山本裕美著：精研式文章完成法テスト解説—小・中学生用—，
　　　金子書房（1978）

# 16. バウム検査

| 作 成 者 | カール・コッホ<br>(Karl Koch) |
|---|---|
| 発 行 所 | ハンス・フーバー社<br>(日本文化科学社) |
| 対象範囲 | 幼児〜成人 |
| 検査時間 | 約30分 |

## 1）検査の概要

　本検査は，白紙に「1本の実のなる木」を自由に描かせ，そこに描かれた木を一定の方法で分析することによって，人格特徴をアセスメントしようとするもので，現在，臨床場面や教育現場で広く用いられている投影法の人格検査の1つである。

　樹木画を人格のアセスメントに役立てることを最初に提唱したのは，スイスの職業相談家ユッカー（Jucker, E,）であるが，その後1949年に，コッホ（Koch, K.）によって，「樹木画テスト―精神診断学的補助手段として―」と題して本検査が公刊されると，たちまち多くの研究者や臨床家の注目を集めるようになった。我が国では，林らによって，1970年に，本書の英訳版が邦訳出版されて以来，急速に広く利用されるようになった。

　本検査の特徴は，眼前の木の観察や写生によってではなく，イメージの中の木を自発的に表現させることによって，その木に投影された被検者の人格特徴を分析することにある。それを可能にするのは，樹木という課題の特性であって，コッホによると，樹木はその構造上の基本的な特徴として，対称性をもち，中心から上下，左右，前後の広がりを示すとともに，樹木の生命活動は内から外に向かって"内なるものを外に押し出す"動きを示すために，人間の心もこ

の法則にしたがって内的世界の投影を容易にするという。またこれらの解釈には空間象徴理論や筆跡学的観点が導入されている。

したがって，分析は，描かれた木の形態的特徴や空間的特徴（紙面上の木の配置や樹形の強調あるいは無視される空間領域など），筆跡的特徴（線型，筆圧，陰影など），さらには全体的印象も考慮しながらすすめられる。

本検査は，言語を媒介としないために，言語的な表現能力の乏しい幼児やかなりの知的障害をもつ者にも実施が可能であり，また種々の精神障害を有する者にも適用できる。特に精神障害者や問題を有する子どもに対しては本検査をくりかえし実施することによって，状態像の変化や治療効果を理解するのに有益である。また検査の実施法が簡便で，被検者は比較的抵抗なく受検できるので，他の検査の導入検査として用いることができる。しかも，こうしたバッテリー化によって，他の検査結果の意味や内容の理解にも役立てることができる。

## 2）実施方法

### （1）準備するもの

A4判（210mm×297mm）の画用紙，4Bの鉛筆数本，消しゴム，ストップ・ウォッチ。

### （2）検査のすすめ方

検査は個別的にも集団でも実施できるが，臨床場面では，もちろん個別に行う。被検者の緊張を解きほぐしてから，白紙の画用紙と鉛筆，消しゴムを与え，「実のなる木を1本描いてください」と教示する。被検者が幼児の場合は「リンゴの木を描きましょう」などとわかりやすく説明する。また，実のなる木の描けないときには「どんな木でもよい」と説明する。時に窓から見える木を写生する被検者もいるので，写生をしないように注意する。集団実施の場合は，他人の描画をのぞかぬように注意する。

検査中の質問には暗示的，誘導的な説明は避けて，自由に好きなように描いてよいことを強調する。なお，最初に描いた絵があまりにも不自然であったり，

不完全であったり，また被検者のもっと異なった心の層を理解したいときには，必要に応じて2回以上くりかえし実施してもよい。その場合には，「前に描いた木とは違った実のなる木を描いてください」と教示する。

　描画中は，検査者は被検者に「監視されている」という印象を与えないように配慮しながら，描画過程をよく観察し，特徴的な行動，態度，表情などを記録する。検査後は，描画について，それがどんな木なのかとか，描かれたものが不明確な場合には，それが実なのか，葉なのかなど，簡単な質問を行う。

### 3）結果の整理

　結果の整理は，描かれた木の形態的特徴や空間の利用の仕方，運筆的特徴などを中心に分析し，まとめる。これには，林らが作成したバウム・テスト整理表（日本文化科学社，1980年）を用いると便利である。これは，コッホが掲げた整理項目に，さらに数項目を加え，よりきめ細かく特徴が把握できるように工夫されたものである。その詳細については手引書にゆずるが，大要を述べると，整理項目は描画の全体的特徴に関する所見，地平の有無や描画の状況，幹の基部，根，幹，枝，冠，果実，花，葉などの形態的特徴，発達遅滞と退行の状況，運筆の動態分析，空間図式，ビトゲンシュタイン（Wittgenstein）指数などの各種参考指標からなっており，それぞれの特徴について解釈仮説と対応づけながらチェックできるようになっている。したがって，これにもとづいて整理を行うとよい。

### 4）結果の読み方

　描画の解釈は，以上の資料をもとに，①描かれた木の形態的特徴，②木の配置の空間的特徴，③運筆的特徴の3側面の分析を通して総合的に行われるが，そのためには，これらの諸側面からどのような人格特徴が読みとれるかについて理解しておく必要がある。

## （1）樹木に投影される性格

　樹木の形態には，その人の基本的性格や安定性，知的・情緒的な発達度などが現れるが，その現れ方は木の部位によって異なる。「根」は，通常地下にあって見えないが，それが強調される場合には，その人の原始性や無意識的なものを表す。「幹」は，一方で基部を通して根とつながり，他方では枝を支えて木の中心にあり，葉や花と異なって永続的な存在であることから，基本的な性格傾向や生まれつきの才能，生命力などを示す。「樹冠」の外側部は，環境との接触地帯であり，内なるものと外にあるものとの関係を示し，幹の外側線とともに，その描かれ方には自我防衛の強弱や自我境界の透過性の度合いなどが現れる。樹冠の中には，枝や葉，花や果実などが描かれるが，「枝」は木の成長とともに分化していく存在であり，ここには情緒性や知性の発達度が現れやすく，「葉」や「花」は，木を飾る一時的な飾りものとして，その時々の気分や感情の動きを示し，「果実」は成熟の最終産物として自己の欲求水準や目標などを示す。また天と地を区切る地平（地面）は，その人の拠って立つ精神的・身体的な基盤を示し，幹を取り囲むサクや石垣は防衛の強さを示すともいわれる。

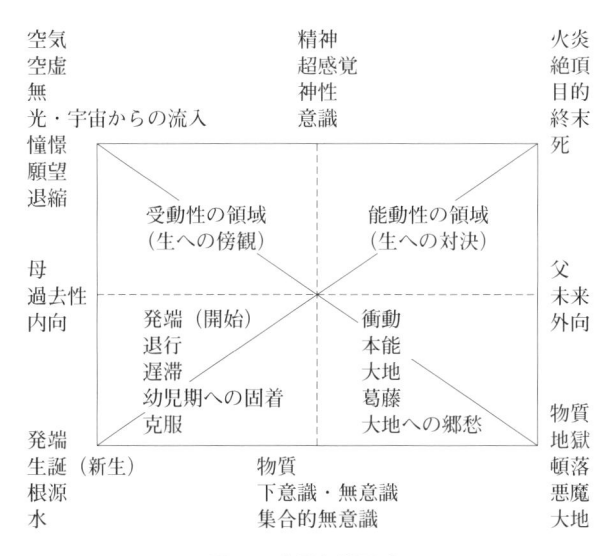

**図30　空間象徴図式**
（バウム・テスト整理表，日本文化科学社より）

また，樹木の描き方は，年齢とともに変化する。描画は，2～3歳ごろに錯画（なぐりがきの絵）として始まり，象徴画，図式画，写実画，立体描写画（9～10歳以降）へと移行していく。したがって，このような観点から樹木の形態に注目すると，精神的な発達度を知ることができる。

### (2) 空間象徴と性格

　ところで，同じ木でも，それが画用紙のどの領域に描かれたかによって，その意味するものも異なってくる。

　グリューンバルト（Grunwald, M.）の空間象徴理論によると，空間を上下，左右に4つの空間に分割すると，右半分は外に向かう世界を，左半分は内に向かう世界を，また上半分は意識界を下半分は無意識界を象徴し，右上の空間は能動性の領域を，左下の空間は発端・退行など，より根源的な世界を，左上の空間は受動性の領域を，右下の空間は衝動や葛藤など外界との関係における意識下の世界を表すという。したがって，木がどの空間に描かれるか，また幹の先端や枝がどの方向に強調されているかによって，被検者の生活空間における位置づけや課題への取りくみ方，対人関係のあり方などを知ることができる。

### (3) 運筆と性格

　弱々しい線や力強い線が文字を書く人の性格を表すように，樹木画に見られる運筆の特徴からも描く人の性格特徴を知ることができる。

　林らは，表30に示すように，運筆の特徴を，①急速，②遅緩，③弱圧，④強圧，⑤潤（側），⑥渇（直），⑦連綿，⑧分離，⑨飾りたて，⑩おざなりの10項目に分類し，それぞれの項目から推測される性格特徴を，ポジティブな面とネガティブな面とに分けてあげている。このいずれの側面が解釈仮説として採用されるかは，運筆による造形性の優劣，すなわち形態水準の高低によって決まる。

### (4) ビトゲンシュタイン指数

　ドイツの精神科医ビトゲンシュタイン（Wittgenstein, G.）は，樹木の幹に描かれた切り株や折れた枝が，描いた人の過去の外傷体験を表していることを発見し，その時期を推定する方法を考案した。これがビトゲンシュタイン指数で

表30 運筆の動態分析

| | Positiveな側面 | Negativeな側面 |
|---|---|---|
| 1. 急速 | 活動欲・感情生動性 | 不穏・感情興奮性 |
| 2. 遅緩 | 静穏・平静化 | 不活発・冷淡 |
| 3. 弱圧 | 敏捷・繊細さ | 意志薄弱・不安定性 |
| 4. 強圧 | 意志力・抵抗感 | 鈍重・短気 |
| 5. 潤（側） | 生のよろこび・直観性 | 放縦・粗野 |
| 6. 渇（直） | 自己統制力・精神性 | 禁欲的・概念性 |
| 7. 連綿 | 論理性・組織的思考 | 思想貧困・移り気 |
| 8. 分離 | 思想豊富・直観能力 | 飛躍性・抽象力欠乏 |
| 9. 飾りたて | | 喝采願望・自我自賛 |
| 10. おざなり | | 非厳密性・狡猾 |

（バウムテスト整理表，日本文化科学社より）

あり，次の公式によって求められる。

ビトゲンシュタイン指数＝木の高さ（mm）／現在の年齢（歳）
外傷体験の時期＝切り株の高さ（mm）／ビトゲンシュタイン指数

以上のような点に着目しながら，解釈は総合的にすすめられるが，樹木画には，被検者のその時々の心の世界が投影されるのであり，充分な性格特徴の読める絵もあれば，そうでないものもある。したがって，本検査の解釈に際しては，単に解釈仮説を結合して意味づけるのではなく，被検者の生育史や生活環境，対人関係の状況，他の検査結果などを充分考慮することが重要である。

＜解説書及び参考図書＞

 C．コッホ著，林　勝造，国吉政一，一谷　彊訳：バウム・テスト―樹木画による人格診断法―，日本文化科学社（1982）

 林　勝造，一谷　彊編著：バウム・テストの臨床的研究，日本文化科学社（1982）

 R.Koch，林　勝造，国吉政一，一谷　彊編著：バウム・テスト事例解釈法，日本文化科学社（1983）

## 現行心理検査一覧表（臨床編）

| | 検査名 | 適用範囲 | 検査時間 | 出版社 |
|---|---|---|---|---|
| 知能検査〈個別用〉 | WAIS-R 成人知能診断検査 | 16歳～成人 | 60分 | 日本文化科学社 |
| | WISC-Ⅲ 知能検査 | 5歳～16歳11月 | 50～70分 | 日本文化科学社 |
| | WPPSI 知能診断検査 | 3歳10月～7歳1月 | 50～70分 | 日本文化科学社 |
| | 田中ビネー知能検査Ⅴ | 1歳～成人 | 30～50分 | 田研出版（株） |
| | 鈴木びねー式知能検査 | 幼児～成人 | 30～50分 | 東洋図書 |
| | PBT（ピクチュア・ブロック）知能検査 | 4歳～7歳 | 20分 | 図書文化社 |
| | マッカーシー知能発達検査 | 2歳6月～8歳6月 | 約50分 | 日本文化科学社 |
| | コロンビア知的能力検査 | 3歳～9歳5月 | 20分 | 日本文化科学社 |
| | 大脇式精薄児用知能検査 | MA：1歳10月～6歳0月 | 20分 | 三京房 |
| | 大脇式盲人用知能検査 | 6歳～成人 | 約50分 | 三京房 |
| | コース立方体組合せテスト | 6歳～成人 | 30分 | 三京房 |
| | グッドイナフ・テスト（DAM） | 3歳～10歳 | 約5分 | 三京房 |
| 〈集団用〉 | 東大A-S知能検査（3種） | 小・中・高 | 45～50分 | 東京心理（株） |
| | 京大NX知能検査（5種） | 幼児～成人 | 45～50分 | 大成出版牧野書房 |
| | 新生田中BI式知能検査 | 小1～成人 | 45～50分 | 日本文化科学社 |
| | 新田中A式知能検査 | 小4～高3 | 45～50分 | 金子書房 |
| | TK式中高用田中AB式知能検査 | 中1～高3 | 約50分 | 田研出版（株） |
| | 教研式小学校学年別知能検査 | 小1～小6 | 約40分 | 図書文化社 |
| | 最新幼児用知能検査 | 4歳～6歳 | 30分 | 田研出版（株） |
| | 新幼児用知能検査B | 4歳～6歳 | 30分 | 田研出版（株） |
| | 幼児用田中B式知能検査 | 4歳～小1 | 約20分 | 日本文化科学社 |
| | TK式幼児用田中B式知能検査 | 4歳～6歳 | 30分 | 田研出版（株） |
| | キャッテルC・F知能検査（2種） | 中1～成人 | 45～50分 | 竹井機器工業（株） |
| 性格検査〈投影法〉 | ロールシャッハ検査（国際版） | 幼児～成人 | 40～50分 | 日本文化科学社 |
| | 国際版TAT（マレー版） | 児童～成人 | 60～90分 | 日本文化科学社 |
| | 早大版TAT | 小4～成人 | 90～120分 | 金子書房 |
| | 早大版CAT | 5歳～10歳 | 50～60分 | 金子書房 |
| | 精研式TAT（MF版） | 高校～成人 | 60～120分 | 金子書房 |
| | 精研式TAT（BG版） | 小1～中3 | 60～120分 | 金子書房 |
| | ベラック版CAT | 小児～児童 | 50～60分 | 日本文化科学社 |
| | 精研式SCT　（BG） | 小1～中3 | 40～60分 | 金子書房 |
| | 　　　　　　（MF） | 高校～成人 | 40～60分 | |
| | P―Fスタディ（児童用） | 4歳～14歳 | 30～40分 | 三京房 |
| | 　　　　　　（成人用） | 15歳～成人 | 30～40分 | |
| | 　　　　　　（青年用） | 中1～大2 | 30～40分 | |
| | バウムテスト | 幼児～成人 | 約30分 | 日本文化科学社 |
| | 国際版ゾンデイテスト | 高校～成人 | 50～60分 | 日本文化科学社 |
| | CPT（カラーピラミッド）性格検査 | 幼児～成人 | 20分 | 図書文化社 |

| 分類 | 検査名 | 対象 | 所要時間 | 発行元 |
|---|---|---|---|---|
| 〈作業検査法・その他〉 | 内田クレペリン精神検査(標準型) | 中1〜成人 | 45〜60分 | 日本・精神技研 |
| | (児童型) | 小3〜小6 | 45〜60分 | |
| | (幼児型) | 幼児〜小2 | 45〜60分 | |
| | BGT(ベンダー・ゲシュタルト・テスト) | 6歳〜成人 | 約10分 | 三京房 |
| | カーンシンボルテスト(KTSA) | 6歳〜成人 | 15〜20分 | 三京房 |
| | ベントン視覚記銘検査 | 8歳〜成人 | 約5分 | 三京房 |
| | グラッシーテスト | 幼児〜成人 | 30〜50分 | 大成出版牧野書房 |
| | SLTA標準失語症検査 | 中学〜成人 | 90分 | 新興医学出版社 |
| | 太郎・花子テスト | 3歳〜6歳 | 20〜30分 | 大日本図書 |
| | CST色彩象徴テスト | 中1〜成人 | 約30分 | 日本製版(株) |
| | 幼児・児童性格診断検査 | 幼稚園〜小6 | 約30分 | 金子書房 |
| 〈質問紙法〉 | MMPI(カード式・冊子式) | 16歳〜成人 | 約60分 | 三京房 |
| | Y—G性格検査 | 小・中・高 | 30〜40分 | 竹井機器工業(株) |
| | | 大学一般用 | 30〜40分 | |
| | CMI健康調査票 | 14歳〜成人 | 約30分 | 三京房 |
| | MPI(モーズレイ性格検査) | 16歳〜成人 | 15〜30分 | 誠信書房 |
| | CPI(カリフォルニア人格検査) | 中学生〜成人 | 45〜60分 | 誠信書房 |
| | MAS(不安尺度) | 16歳〜成人 | 約5分 | 三京房 |
| | SDS(うつ病自己評価尺度) | 16歳〜成人 | 10〜15分 | 三京房 |
| | 東大式エゴグラム(TEG) | 高1〜成人 | 約20分 | 金子書房 |
| | EPPS性格検査(2種) | 高・大・成人 | 40分 | 日本文化科学社 |
| | GHQ精神健康調査票 | 12歳〜成人 | 10〜15分 | 日本文化科学社 |
| | CAS不安測定性格検査 | 中学・高校〜 | 5〜10分 | 東京心理(株) |
| | 16 PF 人格検査 | 高校〜成人 | 40分 | 日本文化科学社 |
| | 下田式SPI性格検査 | 中1〜成人 | 約20分 | 日本文化科学社 |
| | 田研式GAT(不安検査) | 小4〜高3 | 30〜40分 | 日本文化科学社 |
| | BNT欲求診断検査(2種) | 小4〜高3 | 約30分 | 東京心理(株) |
| | 適応性診断テスト | 小5〜中3 | 約45分 | 金子書房 |
| | 精研式CLAC | 幼児〜13歳 | 40〜70分 | 金子書房 |
| 乳幼児 精神発達検査 | 乳幼児精神発達診断検査 | 1歳〜7歳 | 約20分 | 大日本図書 |
| | 遠城寺式分析的発達検査 | 0歳〜4歳11月 | 20〜30分 | 慶応通信 |
| | MMCベビーテスト | 0歳〜2歳6月 | 約30分 | 同文書院 |
| | 幼児精神発達検査 | 2歳〜7歳 | 60〜90分 | 竹井機器工業(株) |
| | 山下式幼児発達検査 | 2歳〜7歳 | 60〜90分 | 竹井機器工業(株) |
| | 幼児総合精神検査 | 2歳〜7歳 | 40〜50分 | 金子書房 |
| | 牛島式乳幼児簡易検査 | 0歳〜8歳 | 10〜15分 | 金子書房 |
| | TK式幼児発達検査 | 幼児 | 約30分 | 田研出版(株) |
| | 乳児用発達検査 | 生後〜1歳 | 20〜30分 | 大日本図書 |
| | 社会成熟度診断検査 | 3歳〜小1 | 約30分 | 日本文化科学社 |
| | 教研式幼児社会性発達検査 | 3歳〜7歳 | 約40分 | 図書文化社 |
| | 新版S—M社会生活能力検査 | 0歳〜中3 | 約30分 | 日本文化科学社 |

| | | | | | |
|---|---|---|---|---|---|
| 親子関係診断検査 | 田研式親子関係診断検査 | 親：小児～高3 | 約30分 | 日本文化科学社 |
| | | 子：小4～高3 | 約30分 | |
| | TK式診断的親子関係検査 | 親：小1～中3 | 約40分 | 田研出版（株） |
| | | 子：小3～中3 | 約40分 | |
| | 診断性PCR親子関係検査 | 親：小2～中3 | 約20分 | 東京心理（株） |
| | | 子：小2～中3 | 約40分 | |
| | CCPテスト | 小2～中3 | 20～30分 | 大成出版牧野書房 |
| | FMCI親子関係診断検査 | 小中・高・中学 | 約45分 | 日本図書文化協会 |

### 心理検査出版社名および所在地

| 出版社名 | 所在地 |
|---|---|
| 金子書房 | 東京都文京区大塚3―3―7 |
| 慶応通信(株) | 東京都港区三田2―19―30 |
| 三京房 | 京都市東山区今熊野ナギノ森町11 |
| 誠信書房 | 東京都文京区大塚3―20―6 |
| 大成出版牧野書房 | 神戸市東灘区深江北町1―3―5 |
| 竹井機器工業(株) | 東京都品川区旗の台1―6―18 |
| 田研出版(株) | 東京都豊島区北大塚3―1―2 |
| 大日本図書(株) | 東京都中央区銀座1―9―10 |
| 東京心理(株) | 東京都文京区本郷3―24―6 |
| 東洋図書 | 東京都新宿区南山伏町17 |
| (株)図書文化社 | 東京都文京区大塚1―4―5 |
| 日本精神技術研究所 | 東京都千代田区五番町3―1 |
| 日本製版(株) | 東京都新宿区住吉町1―16 |
| 日本文化科学社 | 東京都文京区本駒込6―15―17 |
| (株)新興医学出版社 | 東京都文京区本郷6―26―8 |

# 事項索引

## 【ア 行】

愛想の悪さ　83
アグレッション　156
アグレッションの方向と型　159
アセスメントシート　27, 33
α式　5
家―人―木検査（HPT）　8
意志緊張　123
意志交換　75, 76, 80
異常部分反応　144
一般的活動性　83
移動　75, 80
易努性　103
因子分析法　8
inspection法　167, 170
ウェクスラー・ベルビュー検査（WBT）　7
内田クレペリン精神作業検査　7, 13, 22, 23
運筆的特徴　174
SCT　14, 22, 23
SD傾向　8
F尺度　92, 97
MMPI（ミネソタ多面式人格目録）　7, 11, 13, 22, 90
MPI　13, 22

L尺度　92, 97
大人の心（A）　109
親の心（P）　109

## 【カ 行】

絵画作話検査（MAPS）　8
絵画統覚検査（TAT）　7, 14, 22, 148
絵画欲求不満検査（PFS）　8, 156
回帰性傾向　82
下位検査　35, 39, 40, 43, 44, 47, 55, 60, 61, 65, 71, 72
概念的妥当性　15, 16
課外読書　53
加算月数　33
仮説候補　53
学校での学習　53
活動性因子　89
簡易実施法　43
感情　146
鑑別診断　23, 155
記憶領域　38
基準関連妥当性　15, 16
基準年齢群評価点　45
基底年齢　34, 35, 37
基底年齢級　31, 37

技法　2
疑問尺度　92, 110, 113
客観性欠如　82
休憩効果（率）　122, 125
強制選択法　8
協調性欠如　82
強迫観念　103
強迫神経症　106
恐怖症　106
興味　53
曲線型　125
空間象徴理論　173
空間的特徴　173, 174
空白反応　144
組合せ評点　161
群指数　55, 64, 65
K尺度　92, 97
軽躁性　93
形態水準　139, 141, 143, 145, 146
形態的特徴　173, 174
系統値　87
ゲシュタルト機能　127
ゲシュタルト心理学　127
結晶性知能　53
結晶性領域　38
限界吟味段階　139
言語概念化　53
言語性IQ（VIQ）　44, 45, 46, 64, 65, 71
言語性検査　40

言語的推理　53
言語表現　53
言語理解　53, 55, 62, 65
検索　53
検査者の要因　24, 25
検査そのものの要因　24
検査の目的　18
検査場所　19
検査場面の要因　24, 25
向性因子　87
興奮　123
交流分析　109
コーネルメディカル・インデックス
　（CMI）　8, 13, 22, 23
個人興味検査（EPPS）　8
個人差　1, 2, 3, 23
個人差研究　2
子どもの心（C）　109
コピッツ法　129, 131
誤謬量　125
コンピュータ心理診断法　99
コンプレックス　4

【サ　行】

再検査法　16
Psychotic Pattern　98
再生法　129
作業　75, 76, 80
作業課題　14

| | |
|---|---|
| 作業曲線　122, 123, 124 | 集団参加　75, 76, 80 |
| 作業検査法　13, 14, 22 | 自由な子ども（FC）　109 |
| 作業量　122, 123, 124, 125 | 自由反応段階　137, 138, 139, 145 |
| 3件法　8 | 自由連想法　4, 5 |
| CAT　149 | 主人公　152 |
| CMI　100 | 主人公の課題解決様式　153 |
| GCR　161, 162 | 主人公の内的常態　153 |
| 自我阻害場面　157, 158 | 主人公の欲求　152 |
| 自我防衛型　160 | 主人公への圧力　153 |
| 思考　146 | 主導性因子　89 |
| 思考的外向　83 | 循環気質　169 |
| 自己知覚　146 | 瞬間露出法　129 |
| 自己統制　75, 76, 80 | 順応した子ども（AC）　109 |
| 自己評価法　13, 22 | 障害優位型　160 |
| 自己防衛　13 | 状況関連ストレス　146 |
| 自殺傾向　103 | 上限年齢　37 |
| 自責的方向　160 | 上限年齢級　31, 37 |
| 質疑段階　138, 139, 145 | 常態定型曲線　123, 124, 125 |
| 実際的妥当性　90 | 情緒性因子　87, 89 |
| 質問紙法　6, 7, 13,22, 82, 108, 110 | 衝動性因子　89 |
| 自動診断システム　147 | 初頭努力率　122 |
| 児童用知能検査（WISC）　8 | 初発反応時間　138, 143, 146 |
| 支配性　83 | 処理速度　55, 62, 65 |
| 社会生活指数（SQ）　79 | 心気症性　92 |
| 社会生活年齢（SA）　78 | 神経質　82, 169 |
| 社会生活能力検査　13 | 神経症　46 |
| 社会適応性因子　89 | 神経症判別図　103 |
| 社会的外向性　83 | 新版S-M社会生活能力検査　74 |
| 社会的向性　93 | 人物画検査　8 |
| 習慣知識　53 | 人物描画検査　6 |

身辺自立　75, 80
信頼関係（ラポール）　20, 21
信頼性　4, 16, 17, 18
信頼性係数　16
心理的距離　153, 155
水平迷路　69
鈴木ビネー知能検査　6, 12
性格異常（非行型）　46
性格類型　87
生活処理能力　74
生活年齢　5, 31, 32, 33, 35, 37, 44, 78
精神指数（MA/CA）　4, 5
精神診断学（Psychodiagnostik）　5, 135
精神衰弱傾向　93
精神遅滞　46
精神的敏捷性　53
精神年齢（MA）　4, 5, 31, 33, 34, 35, 36, 65
精神病質的偏執性　93
精神分裂性　93
成人用知能検査（WAIS）　9
性度　93
折半法　16
全検査 IQ（FIQ）　44, 45, 64
全体性 IQ　72
全体反応　139
総合 DIQ　35, 36
測定誤差　16, 36

側面法　20

【タ　行】

対人知覚と対人関係　146
代替検査　56, 62, 64
対面法　20
他責の方向　160
妥当性　4, 7, 15, 17, 18
妥当性尺度　7, 90, 92, 109, 110, 111
田中ビネー知能検査　8, 12, 26
田中ビネー知能検査 V　10, 26, 31, 36, 47, 72
WISC　10
WISC-R　10, 12, 39
WISC-III　10, 12, 40, 42, 65, 67
WAIS　10, 44
WAIS-R　42, 43, 44, 53, 64
WAIS-R 知能検査　72
知覚統合　55, 62, 65
知能検査　5
知能構造　37, 38, 40, 44, 45, 47
知能指数（IQ）　5, 26, 27, 35, 36, 45, 64, 65, 72
知能水準　36, 37, 45, 65
知能段階　36, 45, 64, 65, 72
注意記憶　55, 62, 65
注意の持続　53
抽象的言語概念の処理　53
聴覚記憶　53

聴覚的順序づけ　53
長期記憶　53
超自我阻害場面　157
追加尺度　91, 92, 95
TEG　108
Tスコア　98
テーマ　148, 152
適応性因子　87
テスト・バッテリー　19, 22, 23
テスト年齢　64, 65, 67, 72
てんかん性性格　125
投影法　7, 8, 14, 22, 135
等価検査法　16
統合失調症　125, 162
動作性IQ（PIQ）　44, 45, 46, 64, 65, 71
動作性検査　41
統制とストレス耐性　146
逃避の機制　171
動揺率　122
特性論　81
独創反応　141

## 【ナ 行】

内省性因子　89
内的整合性　81
内容的妥当性　15, 16
慣れ　123
乳幼児発達検査　13

Neurotic Pattern　98
認知的媒介過程　146
粘着気質　169
年齢尺度化　4, 7, 31
脳器質的障害　46
能力検査　12
のんきさ　83

## 【ハ 行】

パーソナル・データ・シート　5
バウム検査　8, 14, 23, 172
箱迷路　69
パスカル・サッテル法　129, 130
発達障害　128
発達チェック　27, 32
発達目録　6
ハット法　129
反応拒否　139, 143
反応決定因　138, 139, 143, 144, 146
反応終了時間　138, 143, 146
反応転移　162, 164, 165
反応内容　138, 139, 143, 144, 146
反応領域　138, 139, 143, 146
PFS　23
P-Fスタディ　14
BGT得点　132, 133
被検者の要因　24, 25
非構造的検査　14
ヒステリー気質　169

ヒステリー性　93
筆跡的特徴　173
ビトゲンシュタイン指数　174, 176
批判的な親（CP）　109
標準化　1, 5, 17, 81
標準化の手続　17
標準検査（客観検査）　23, 24
標準点　89
標準偏差　64, 65
標本集団　17
疲労　123
不安状態　46
V字型落込み　124
付加K点　96
普通部分反応　140
プロフィール分析法　48
文章完成法　3
文章完成法検査　166
分裂気質　169
分裂性性格　125
併存的妥当性　16
平凡反応　139, 141
β式　5
偏差値能指数（DIQ）　7, 26, 27, 31, 33, 38
偏執性　93
ベンダー・ゲシュタルト検査（BGT）　7
保持傾向　133

## 【マ 行】

無責的方向　160
面接法　2
メンタルテスト　3

## 【ヤ 行】

矢田部ギルフォード性格検査　9, 13
憂うつ傾向　103
融合評点　161
養育的な親（NP）　109
幼児用知能診断検査（WPPSI）　9, 12, 40, 42, 67
抑うつ性　82, 93
予測的妥当性　16
欲求―圧力理論　148
欲求固執型　160
欲求不満　156

## 【ラ・ワ 行】

力動的診断　8
陸軍式知能検査　5
流動性領域　38
領域別DIQ　35, 36, 38
臨床尺度　92, 95, 98
類型論　81
劣等感　82

練習効果　123
連続加算　7
ロールシャッハ検査　6, 8, 14, 22, 23, 135

論理推理領域　38
YG 検査　22, 23

# 人名索引

## 【ア 行】

東　洋　55
阿部満州　　9, 90
安藤照子　　81
石隈利紀　　55
一谷　彊　　156, 157
Witmer, L.　　3
Wechsler, D.　　7, 8, 9, 10, 39, 46, 47, 55, 64, 67
上野一彦　　55
内田勇三郎　　7, 119
Woodworth, R. S.　　5
Wundt, W.　　3
Exner, J.　　146
Edwards, A. L.　　8
Ebbinghaus, H.　　3, 166
Berne, E.　　108
沖野　博　　132

## 【カ 行】

Kaufman　　48
片口安史　　9
金久卓也　　100
Cattell, J. M.　　3
Guilford, J. P.　　8, 81
Goodenough, F.　　6
Grunwald, M.　　176
Kraepelin, E.　　119
黒田正大　　9, 90
Klopfer, B.　　7, 135
Gesel, A.　　6
Galton, F.　　3
児玉　省　　9, 10
Goddard, H. H.　　4
Koch, K.　　8, 172
小林重雄　　10, 39
Koppitz, E. M.　　131

## 【サ 行】

Schachtel, E. G.　　130
佐野勝男　　9, 149, 166
佐野秀樹　　55
品川不二郎　　9, 10, 39
Simon, T.　　4
Stern, W.　　4
Stein, M. I.　　152
Shneidman, E. S.　　8
鈴木治太郎　　6
住田勝美　　9, 90, 156
園原太郎　　81

## 【タ 行】

Terman, L. M.　5, 7, 26
田中寛一　26
田中冨士夫　90
辻岡美延　9, 81
津田浩一　157
Dusay, J. M.　108
Doll, E. A.　74

## 【ナ 行】

中田義朗　157
西尾　博　157
西川　満　157

## 【ハ 行】

Hathaway, S. R.　7, 90
Pascal, G. R.　130, 132
秦　一士　157
Buch, J. N.　8
Hutt, M.　133
林　勝造　9, 156, 157
久間利昭　133
Wittgenstein, G.　176
Binet, A.　4
深町　健　100
藤田和弘　10, 39, 55

Platon　2
Frank, L. K.　7
Freud, S.　5
Bleuler, O.　4
Brodman, K.　8, 100
Bessel, F.　2
Beck, S. J.　7, 135
Bellak, L.　149
Bender, L.　7, 127

## 【マ 行】

Martin, H.G.　81
前川久男　10, 39, 55
槙田　仁　9, 149, 166
Machover, K.　8
Mackinley, J. C.　7, 90
Murray, H. A.　7, 148
三木安正　67, 74
南　博　9
三宅鉱一　4
村上宜寛　99
村田正次　132
茂木茂八　10
Morgan, C. D.　7, 148

## 【ヤ 行】

Yerkes, R. M.　5

矢田部達郎　　9, 81
山本裕美　　166
Jucker, E.　　172
Jung, C. G.　　4, 5, 166

【ラ　行】

Reisman, J. M.　　8
Rapaport, D.　　8
Rosenzweig, S.　　8, 156, 159
Rorschach, H.　　5, 6, 135

© 2004

|   | 改訂版 | 平成16年11月22日 |
|---|---|---|
|   | 2刷 | 平成 9 年 4 月20日 |
|   | 第1版発行 | 平成元年11月15日 |

## 改訂版
## 心理検査の実際

(定価はカバーに表示してあります)

|  検印省略  | 著 者 | 澤 田 丞 司 |
|---|---|---|
|   | 発行者 | 服 部 秀 夫 |
|   | 発行所 | 株式会社 新興医学出版社 |

〒113-0033 東京都文京区本郷6丁目26番8号
電話 03(3816)2853　FAX 03(3816)2895

印刷　株式会社 藤美社　　ISBN978-4-88002-476-9　　郵便振替　00120-8-191625

・本書の複製権・翻訳権・譲渡権・公衆送信権（送信可能化権を含む）は株式会社新興医学出版社が所有します。
・JCLS 〈(株)日本著作出版権管理システム委託出版物〉
本書の無断複写は著作権法上での例外を除き禁じられています。複写される場合は、その都度事前に(株)日本著作出版権管理システム（電話 03-3817-5670, FAX 03-3815-8199）の許諾を得てください。